JN322594

ホロンバイル

黒龍江省

ハルビン

内モンゴル自治区

長春
吉林省

瀋陽 撫順
遼寧省

朝鮮民主主義人民共和国

大連

フフホト
張家口 承徳
北京市
北京
天津市
大同 天津
河北省
太原 石家荘
山西省 邯鄲
済南
安陽 山東省
曲阜

威海
煙台
青島

大韓民国

日本

連雲港
江蘇省
安徽省 揚州
合肥 南京 無錫
三峡 馬鞍山 蘇州
湖北省 蕪湖 杭州 上海市
武漢 銅陵 紹興 寧波
景徳鎮 金華
長沙 南昌 浙江省
湖南省 江西省
井岡山 福州
桂林 瑞金 福建省
泉州
ワン族 アモイ
治区 広東省 潮州
広州 汕頭
深圳
マカオ 香港

台北

台湾

高雄

海口
海南省

フィリピン

『中国百科検定問題集』正誤表

ページ	行/註/図表	誤	正
12	第9問	戦前期に日本が朝鮮族を強制移住させて作った地域	戦前期に日本が朝鮮族を強制移住さえるなどで形成された朝鮮族集住地
13	第11問正解	④	③
16	第8問	塾蕃	熟蕃
18	第5問正解	②	③
18	第6問正解	③	②、③とも正解
32	第10問	「②工農聯盟」	「②労農同盟」
38	第3問	削除(公式テキスト『中国百科』に掲載されていないため)	
40	第5問	削除(公式テキスト『中国百科』に掲載されていないため)	
46	第28問	紀元前1世紀頃	紀元1世紀頃
62	第2問	張拓端	張択端
70	第16問	参照ページ 220、222ページ	参照ページ221、222ページ
78	第2問	正答250ページ	246ページ
78	第10問	正答280ページ	285ページ
80	第4問	正答265ページ	266ページ
87	第15問	正答338ページ	339ページ
88	第2問	「③説文解辞」	「③説文解字」
89	第15問正解	②	①、②とも正解
95	第34問	バレンタインデー	中国バレンタインデー
96	第7問	バレンタインデー	中国バレンタインデー
97	第11問	1913年頃	戦前期に

中国
百科検定
問題集

日本中国友好協会 (編)

めこん

目次

本書の使い方 ………… 3

第1部 地理

地理	3級（ものしりコース）………… 6
	2級（中国通コース）………… 10
	1級（百科老師コース）………… 12
民族・宗教	3級（ものしりコース）………… 14
	2級（中国通コース）………… 16
	1級（百科老師コース）………… 18
世界遺産	3級（ものしりコース）………… 20
	2級（中国通コース）………… 22
	1級（百科老師コース）………… 24

第2部 政治経済

政治と法	3級（ものしりコース）………… 28
	2級（中国通コース）………… 32
	1級（百科老師コース）………… 34
経済と産業	3級（ものしりコース）………… 36
	2級（中国通コース）………… 38
	1級（百科老師コース）………… 40

第3部 歴史

古代文明〜唐代	3級（ものしりコース）………… 44
	2級（中国通コース）………… 48
	1級（百科老師コース）………… 52
宋代〜清代	3級（ものしりコース）………… 54
	2級（中国通コース）………… 58
	1級（百科老師コース）………… 62
近現代史	3級（ものしりコース）………… 64
	2級（中国通コース）………… 68
	1級（百科老師コース）………… 72

第4部 文化芸術風俗習慣

言語・文学	3級（ものしりコース）………… 76
	2級（中国通コース）………… 78
	1級（百科老師コース）………… 80
映画	3級（ものしりコース）………… 82
	2級（中国通コース）………… 84
	1級（百科老師コース）………… 85
食文化	3級（ものしりコース）………… 86
	2級（中国通コース）………… 88
	1級（百科老師コース）………… 90
文化・スポーツ・風俗習慣	3級（ものしりコース）………… 92
	2級（中国通コース）………… 96
	1級（百科老師コース）………… 98

中国百科検定とは？ ………… 100

▷ 本書の使い方

　本書は日中友好協会が主催する「中国百科検定」受験のための問題集です。「中国百科検定」用の公式テキストは『中国百科』として出版されているので、併せて読んでいただければ対策として十分です。これは、1級、2級、3級のどの問題も公式テキストの範囲を出ないこととなっていることからも言えます。本問題集でも、それぞれの問題が公式テキストの何ページに書かれているかを明記してあるので、各問題について確認作業をしてもらえれば、と思います。そうしたこつこつとした作業が暗記のきっかけとなるものです。

　ところで、「中国百科検定」は初年度の2014年には3級のみでしたが、2015年度は2級と3級、2016年度以降はすべての級の試験が行なわれます。以下、各級のレベルを示しましたので、学習の参考にしてください。

1級
（百科老師コース）

▶公式テキスト『中国百科』で改めて勉強して受験していただきたい知識のレベル。

2級
（中国通コース）

▶中国に関心の深い人は持っていてほしい知識のレベル。問題集の3、2級をマスターし、できれば公式テキスト『中国百科』を参照してください。

3級
（ものしりコース）

▶少しでも中国に関心があれば持っていてほしい知識のレベル。この問題集の中からほぼ全問出題されます。

　この問題集には各問題の右に「1回目」「2回目」という欄があり、自己採点できるようになっています。テキストで勉強する前に、自分はどの分野が弱いかを見定めるのに使ってください。
　なお、この「中国百科検定」の事務局は以下のとおりです。

〒101-0065　　東京都千代田区西神田2-4-1 東方学会ビル3F
　　　　　　　日本中国友好協会「中国百科検定」事務局
　　　　　　　Tel: 03(3234)4700　Fax: 03(3234)4703
電子メール　　kentei@jcfa-net.gr.jp
公式ウェブサイト　http://www.jcfa-net.gr.jp/kentei/

　申し込み、お問い合わせは上記連絡先にどうぞ。皆さんの健闘を祈ります！

『中国百科検定問題集』編集長・慶應義塾大学教授　大西　広

▷問題作成者

第1部 …… 地理

地理	大西 広（おおにし・ひろし） ●慶應義塾大学経済学部教授、京都大学名誉教授
民族・宗教	大西 広（おおにし・ひろし）
世界遺産	田中義教（たなか・よしたか） ●日本中国友好協会理事長

第2部 …… 政治経済

政治と法	高見澤磨（たかみざわ・おさむ） ●東京大学東洋文化研究所教授
経済と産業	井手啓二（いで・けいじ） ●長崎大学名誉教授

第3部 …… 歴史

古代文明～唐代	下田 誠（しもだ・まこと） ●東京学芸大学教育学部准教授
宋代～清代	小川快之（おがわ・よしゆき） ●早稲田大学理工学術院非常勤講師
近現代史	水羽信男（みずは・のぶお） ●広島大学大学院総合科学研究科教授

第4部 …… 文化・芸術・風俗習慣

言語・文学	加藤三由紀（かとう・みゆき） ●和光大学総合文化学科教授
映画	石子 順（いしこ・じゅん） ●日本中国友好協会副会長、日本漫画家協会監事、映画・漫画研究家
食文化	坂本佳奈（さかもと・かな） ●サカモトキッチンスタジオ
文化・スポーツ・風俗習慣	丸山 至（まるやま・いたる） ●日本中国友好協会副理事長

地理

第1部

- 地理
- 民族・宗教
- 世界遺産

地理

3級（ものしりコース）

第1問 (26頁) 古代に「燕」と呼ばれた現代の直轄市の名前は？
① 北京　② 天津　③ 上海　④ 重慶

第2問 (26頁) 1920～30年代から金融センターとして発展し現代に到る都市は？
① 北京　② 天津　③ 上海　④ 深圳

第3問 (27頁) 隋代には大運河を通し、近世以降は北京の外港として栄えた大都市は？
① 上海　② 天津　③ 大連　④ 青島

第4問 (30頁) 山西省の名称の由来となった山脈は？
① 泰山　② 大興安嶺　③ 小興安嶺　④ 太行山脈

第5問 (32頁) 洛陽の東にある少林寺が建てられている山の名は？
① 泰山　② 黄山　③ 峨眉山　④ 嵩山

第6問 (32頁) 湖北省、湖南省を分ける起点となった湖は？
① 天池　② 西湖　③ 東湖　④ 洞庭湖

第7問 (34頁) 曲阜市にあり、孔子が本拠地とした国は？
① 楚　② 越　③ 呉　④ 魯

第8問 (35頁) 中国のユダヤ人と呼ばれる温州商人が住む温州はどの省にある？
① 福建省　② 浙江省　③ 江西省　④ 広東省

第9問 (39頁) 耕作を抑えて草原を取り戻す政策は何と呼ばれる？
① 南水北調　② 白然農業　③ 退耕還林　④ 退耕還草

第10問 (38頁) 古代の長安、現在の西安市があるのは何省？
① 山西省　② 江西省　③ 河南省　④ 陝西省

006

第11問	雲南省の省都はどこ？	1回め	2回め

43頁　① 貴陽　② 武漢　③ 南昌　④ 昆明

第12問	遼寧省の省都はどこ？	1回め	2回め

29頁　① 大連　② 長春　③ 撫順　④ 瀋陽

第13問	黒龍江省の省都はどこ？	1回め	2回め

28頁　① 長春　② ハルビン　③ 牡丹江　④ ジャムス

第14問	吉林省の省都はどこ？	1回め	2回め

28頁　① 吉林　② 延吉　③ 長春　④ 瀋陽

第15問	広東省の省都はどこ？	1回め	2回め

36頁　① 香港　② 深圳　③ 広州　④ 東莞

Point　中国の漢族地域は秦漢時期にほぼ確定したが、そうした歴史の長い地域の名称はいくつかのルールに基づいてつけられている。

たとえば、山西省というのは太行山脈の西、山東省とは泰山の東との意味、河北省と河南省とは黄河の北と南との意味、湖北省と湖南省とは洞庭湖の北と南との意味、江西省とは長江の西にあるとの意味、江蘇省の「江」も長江の意味、「蘇」は蘇州の意味、広東省と広西自治区とは宋朝期に「広南路」と言われていた地方の「東」と「西」との意味、四川省とは4つの川が流れているとの意味、といった具合に、である。

地理はこうして各地の「名前」にかかわりながら、「歴史」と合わせて記憶するのも大事である。洛陽を中心とする河南省は「中原」と呼ばれる黄河文明発祥の地で、夏王朝や殷王朝はともにこの地の覇を争ったが、その後、現在の西安のさらに西方から周王朝が興って、洛陽と長安が中国の2大中心地となる時代が続く。が、南宋期以降は、南京、北京が政治の中心に移る。広義の「沿海部」への移動であるが、こうした縦の線を結ぶために隋代に煬帝が建設した大運河の重要性も増した。

なお、23の省の省都は必ず覚えておきたい。また、砂漠や山脈や重要な河川などは地図でしっかり確認しておきたい。

解答　第1問①｜第2問③｜第3問②｜第4問④｜第5問④｜第6問④｜第7問④｜第8問②｜第9問④｜第10問④｜第11問④｜第12問④｜第13問②｜第14問③｜第15問③

地理 3級（ものしりコース）

第16問 (40頁) 新疆ウイグル自治区の中央を東西に走る山脈は何か？
① クンルン山脈　② アルタイ山脈　③ 天山山脈　④ ヒマラヤ山脈

第17問 (40頁) 新疆ウイグル自治区の南半分に広がる世界第2位の規模を持つ砂漠は何？
① ゴビ砂漠　② ウランブハ砂漠　③ バダインジャラン砂漠　④ タクラマカン砂漠

第18問 (29頁) 朝鮮族を主体とする民族自治区域は？
① 延辺自治州　② 本渓自治県　③ 新賓自治県　④ 昌吉自治州

第19問 (31頁) 内モンゴルとモンゴル国との間に広がる広大な砂漠は何と言う？
① ゴビ砂漠　② ウランブハ砂漠　③ バダインジャラン砂漠　④ タクラマカン砂漠

第20問 (48頁) 香港は1997年までどの国の植民地だった？
① ポルトガル　② アメリカ　③ フランス　④ イギリス

第21問 (48頁) 香港を植民地とすることとなった第1次アヘン戦争の条約は何という？
① 南京条約　② 天津条約　③ 北京議定書　④ 北京条約

第22問 (50頁) マカオはどの国の植民地だった？
① ポルトガル　② アメリカ　③ フランス　④ イギリス

第23問 (51頁) 1991年にロシアとの国境協定で帰属問題が解決したウスリー川の中州の島は？
① 大ウスリー島（黒瞎子島）　② ダマンスキー島（珍宝島）　③ 魚釣島　④ 太平島

第24問 (51頁) 1962年の中朝辺界条約で国境が画定した山の名前は？
① 金剛山　② 泰山　③ 老山　④ 長白山（白頭山）

第25問 (53頁) 以下の地域の内、中印間で解決した国境紛争はどこか？
① マクマホン・ライン　② アルチャナール・プラデシュ　③ カシミール　④ シッキム

第26問	1974年に中国の占領が拡大し、今もベトナムとの間で領土問題となっている諸島の名前は？	1回め	2回め
52頁	① 南沙諸島　② 西沙諸島　③ 東沙諸島　④ 曹母暗沙		

第27問	日本政府が尖閣諸島領有の根拠とする閣議決定を行なったのは何年か？	1回め	2回め
52頁	① 1895年　② 1905年　③ 1915年　④ 1945年		

第28問	1914年に英領インドとチベットの間で結ばれた国境線は何と呼ばれるか？	1回め	2回め
53頁	① 李承晩ライン　② マクマホン・ライン　③ 九段線　④ 十一段線		

第29問	日本の3大中華街は横浜、神戸ともう1つはどこ？	1回め	2回め
54頁	① 東京　② 川崎　③ 宇都宮　④ 長崎		

第30問	世界に展開する華僑の人口は？	1回め	2回め
54頁	① 400〜500万人　② 2000〜2500万人　③ 4000〜4500万人　④ 1億2000万人		

Point

中国の少数民族地区は漢族の歴史とは異なる部分を持ち、かつまたウイグル族やチベットに日本人は強い親近感を持つので特別に知識を持っておきたい。新疆自治区は北辺にアルタイ山脈、中央に天山山脈、南辺にクンルン山脈が走り、天山とクンルンの間には広大なタクラマカン砂漠が位置する。この地区をシルクロードの「天山南路」が走っていた。民族自治区は他に広西チワン族自治区と内モンゴル自治区、寧夏回族自治区があり、各民族の特徴とともに覚えておこう。また、それに加えて戦前日本の満州政策と関わりのある延辺朝鮮族自治州の歴史や特徴も知っておきたい。

香港とマカオはそれぞれ1997年と1999年にイギリスとポルトガルから復帰をしたが、その出発点がアヘン戦争の結果としての1842年の南京条約であったことは覚えておこう。

中国の国境紛争については、ロシア、朝鮮、パキスタン、ベトナムと外交交渉で順次解決してきたということも知っておきたい。2003年にはシッキムの帰属をめぐる紛争で中国はインドに譲歩して解決している。

長崎の中華街は中華レストラン／雑貨店が40軒という小ぶりのものであるが、付近には唐人屋敷跡などの史跡もある。世界に広がる華僑は4000万〜4500万人である。

第16問③｜第17問④｜第18問①｜第19問①｜第20問④｜第21問①｜第22問①
第23問②｜第24問④｜第25問④｜第26問②｜第27問①｜第28問②｜第29問④｜第30問③

地理

2級（中国通コース）

第1問 4つの直轄市の中で最も面積の大きな都市はどれか？
- ① 北京
- ② 天津
- ③ 上海
- ④ 重慶

第2問 小村にすぎなかった上海を開港させることとなった戦争は何か？
- ① アヘン戦争
- ② 義和団事変
- ③ 日清戦争
- ④ 太平天国の乱

第3問 世界で2番目、中国では最も在留邦人の多い都市はどこか？
- ① 北京
- ② 天津
- ③ 大連
- ④ 上海

第4問 東北地方西部を縦に走る山脈の名前は何か？
- ① 大興安嶺
- ② 小興安嶺
- ③ 太行山脈
- ④ 岷山山脈

第5問 中国の北半分と南半分を分ける安徽省中部の河は何か？
- ① 淮河
- ② 珠江
- ③ 遼河
- ④ 渭河

第6問 「上有天堂、下有○○」と讃えられる風光明媚な街はどことどこ？
- ① 蘇州と無錫
- ② 蘇州と揚州
- ③ 蘇州と杭州
- ④ 無錫と揚州

第7問 江蘇省の省都はどこ？
- ① 蘇州
- ② 無錫
- ③ 南昌
- ④ 南京

第8問 山東省の省都はどこ？
- ① 青島
- ② 連雲港
- ③ 曲阜
- ④ 済南

第9問 クンルン山脈は新疆自治区のどこに位置するか？
- ① 北辺
- ② 中央
- ③ 南辺
- ④ 西辺

第10問 延辺朝鮮族自治州は現在何省の一部としてある？
- ① 黒龍江省
- ② 吉林省
- ③ 遼寧省
- ④ 内モンゴル自治区

第11問　ダライラマ亡命の年は何年か？

① 1949年　② 1951年　③ 1959年　④ 1966年

第12問　現在も台湾政府の支配下にあるアモイ沖の小島の名前は？

① コロンス島　② 金門島　③ 澎湖諸島　④ 馬祖列島

第13問　香港と本土との「1国2制度」は何年間続くこととなっているか？

① 30年　② 50年　③ 70年　④ 90年

第14問　マカオ経済を支えているのは次のどれ？

① カジノ　② 貿易　③ 金融　④ IT産業

第15問　神戸の中華街は何町と呼ばれているか？

① 北京町　② 上海町　③ 南京町　④ 天津町

Point

中国は漢族地域に限っても北半分と南半分の気候はまったく対照的で、それが「南船北馬」という交通手段の違い、「北麵南飯」という食文化の違いを生んでいるが、この境界は安徽省、江蘇省を東西に分断する淮河とされている。

チベットは、新中国成立後の歴史が重要で、ポイントは、中華人民共和国建国の翌年1950年にこの地に人民解放軍が進出、1951年に中国への帰属を認める17ヵ条協定が成立、しかし1959年の農奴解放時にダライラマ14世がインドに亡命して混乱、自治区の成立はその6年後の1965年、というところにある。

香港とマカオの「1国2制度」は鄧小平が打ち出した方針であるが、この期限は50年なのであと30数年で期限が切れる。マカオ経済はカジノで成立している。

現在の4つの直轄市は北京を除いて歴史が浅いので、特徴として押さえておくべき事柄は現代的なものばかりである。アヘン戦争による開港で始まった上海の金融センター化、そこへの在留邦人の集中。しかし、1人当たりGDPでは北京が、ついで天津がそれを上回り、現在は天津が最高となっていることなどである。重慶市は近辺の貧困地区も含めて1997年に四川省から独立したので直轄市としては特別に大きく、寧夏自治区、海南省よりも面積が大きい。

第1問 ④ ｜ 第2問 ① ｜ 第3問 ④ ｜ 第4問 ① ｜ 第5問 ① ｜ 第6問 ③ ｜ 第7問 ④ ｜ 第8問 ④
第9問 ③ ｜ 第10問 ② ｜ 第11問 ③ ｜ 第12問 ② ｜ 第13問 ② ｜ 第14問 ① ｜ 第15問 ③

地理 1級（百科老師コース）

第1問
4つの直轄市の中で最も人口の小さな都市はどれか？

① 北京　② 天津　③ 上海　④ 重慶

第2問
4つの直轄市の中で最も1人当たりGDPの高い都市はどれか？（2012年）

① 北京　② 天津　③ 上海　④ 重慶

第3問
河北省の省都はどこ？

① 秦皇島　② 唐山　③ 張家口　④ 石家荘

第4問
安徽省の省都はどこ？

① 南昌　② 長沙　③ 合肥　④ 黄山

第5問
江西省の省都はどこ？

① 南昌　② 瑞金　③ 長沙　④ 九江

第6問
アルタイ山脈は新疆自治区のどこに位置するか？

① 北辺　② 中央　③ 南辺　④ 西辺

第7問
広西チワン族自治区の省都はどこ？

① 桂林　② 南昌　③ 南寧　④ 北海

第8問
延辺朝鮮族自治州における朝鮮族の人口比はどれくらいか？

① 10%　② 30%　③ 50%　④ 70%

第9問
戦前期に日本が朝鮮族を強制移住させて作った地域が現在朝鮮族自治州としてある。当時の地名は何であったか？

① 間島　② 熱河　③ 関東　④ 安東

第10問
人民解放軍がチベットに進出したのは何年か？

① 1949年　② 1950年　③ 1959年　④ 1966年

第11問	新疆ウイグル自治区の「新疆」という言葉はいつの時代に始まったか？		
40頁	① 漢代 ② 唐代 ③ 清代 ④ 中華民国期		

第12問	マカオが中国に返還されたのは何年？		
50頁	① 1995年 ② 1997年 ③ 1999年 ④ 2001年		

第13問	南沙諸島の領有をめぐって中国と争っている「国」は、ベトナム、フィリピン、マレーシアの他に、どの国か？		
52頁	① インドネシア ② ブルネイ ③ カンボジア ④ シンガポール		

第14問	カシミール地方の国境紛争で現在解決したのは？		
53頁	① 中国・インド間 ② 中国・パキスタン間 ③ インド・パキスタン間 ④ どの2国間も未解決		

第15問	横浜中華街にある中華料理店の店舗数は？		
54頁	① 200店程度 ② 300店程度 ③ 400店程度 ④ 500店以上		

Point 延辺朝鮮族自治州は、戦前期に日本が強制移住させた朝鮮族をベースとして成立しているが、そのため当地の朝鮮族の比率は高くない。さらに、朝鮮族はあまり子供をつくらず、かつまた外地に出ていくケースが多いため、自治州内の朝鮮族比率は3割を切りかけている。彼らは、これが原因で「自治州廃止」となるのではないかと恐れている。

この他、各省・自治区の省都・区都もよく知られていないものがある。受験対策としては覚えておきたい。

なお、ここで3級、2級、1級のレベルの目安をマカオを例に明示しておきたい。出題委員会としては、「マカオ」と言われて最初に問われる知識、2番目に問われる知識と3番目に問われる知識を、①旧宗主国、②カジノ経済への依存、③中国復帰の年、と想定した。同様に、日本のチャイナタウンでは、①3つのチャイナタウンをすべて言えること、②神戸の中華街を南京町と呼ぶこと、③横浜中華街に500店舗以上のお店が並んでいること、と想定した。延辺朝鮮族自治州については、①その存在を知っていること、②吉林省にあること、③上記のような人口比率となっていること、と想定した。1級については、教科書を読んで勉強しなければ対策できないレベルとなっている。参考にされたい。

第1問② | 第2問② | 第3問④ | 第4問③ | 第5問① | 第6問① | 第7問③ | 第8問②
第9問① | 第10問② | 第11問④ | 第12問③ | 第13問② | 第14問② | 第15問④

民族・宗教

第1問 (61頁) 漢族が全人口中に占める比率はどの程度か？
① 約6割　② 約7割　③ 約8割　④ 約9割

第2問 (68頁) ウイグル族は何系の民族か？
① ツングース系　② チベット・ビルマ系　③ チュルク系　④ モンゴル系

第3問 (63頁) 以下の少数民族の中でイラン系の民族は？
① オロス族　② タジク族　③ キルギス族　④ ウズベク族

第4問 (70頁) チベットのバター茶の原料となる乳を提供する重要な動物は何か？
① カモシカ　② ヤク　③ 羊　④ 水牛

第5問 (64-65頁) 12～13世紀に金朝を、17世紀に後金→清朝を建国した民族は？
① 匈奴　② 朝鮮族　③ モンゴル族　④ 満州族

第6問 (61頁) イスラム化した漢族は中国では何と呼ばれるか？
① 客家　② 土家族　③ 納西族　④ 回族

第7問 (46頁) 国共内戦で敗れて台湾に渡った漢民族は台湾で何と呼ばれるか？
① 外省人　② 本省人　③ 新台湾人　④ 平埔族

第8問 (58頁) 「少数民族自治区」より小さく「少数民族自治県」より大きな少数民族自治区域とは？
① 自治郷　② 自治州　③ 自治旗　④ 特別行政区

第9問 (61頁) 南方系の漢族の特徴として適切なものは何か？
① 長身面長　② 長身丸顔　③ 短身面長　④ 短身丸顔

第10問 (37頁) 海南省で16％を占める少数民族は何族？
① ヤオ族　② ミャオ族　③ チリン族　④ リー族

第11問
表意文字のトンパ文字を持つ民族は何と呼ばれる？

① ナシ(納西)族　② 土家族　③ チワン族　④ キン族

第12問
毎年数度の「ナーダム」と呼ばれる祭りを開く人口約600万人の民族は？

① ウイグル族　② 満州族　③ 朝鮮族　④ モンゴル族

第13問
唐からきた皇女がチベットで仏教が広まるきっかけを作った。その名は？

① 貞懿公主　② チツン(ティツゥン)　③ 義成公主　④ 文成公主

第14問
最初に中国にやってきたキリスト教は何派のものであったか？

① カトリック　② プロテスタント　③ ネストリウス派(景教)　④ ギリシャ正教

第15問
現在のダライラマは何世か？

① 11世　② 12世　③ 13世　④ 14世

Point

中国全人口の92%を占める漢族の他、55ある少数民族はすべて何らかの語群に分けることができるが、たとえば、ウイグル族は「チュルク系」となっている。この「チュルク」とは「トルコ」の意味で、古来モンゴル高原に住んでいた遊牧民であった彼らが、9世紀に現在の新疆地域に移動。さらに西方にも移動して、最終的には現在のトルコにまで広がっている。新疆ウイグル自治区ではこの他、カザフ族、ウズベク族、キルギス族、タタール族がチュルク系に属する。日本人にはなかなか見分けがつかないが、タジク族はこれらと異なってイラン系である。

彼らはすべてイスラム教徒であるが、彼ら以外の漢語を話すイスラム教徒は「回族」と呼ばれる。これには当然、イスラム化した漢族も含まれる。

少数民族として覚えておかねばならない最も基礎的な知識としては、モンゴル族による元朝の成立、満州族による清朝の成立、モンゴル族のナーダム祭、ナシ族のトンバ文字、海南島のリー族などがある。

チベットにおける仏教の普及に果たした唐代の文成公主の役割も重要である。現在のダライラマは14世である。中国に最初にやってきたキリスト教はネストリウス派(景教)であった。

第1問④ | 第2問③ | 第3問② | 第4問② | 第5問④ | 第6問④ | 第7問① | 第8問②
第9問④ | 第10問④ | 第11問① | 第12問④ | 第13問④ | 第14問③ | 第15問④

民族・宗教

2級（中国通コース）

第1問
少数民族の中で最も人口が多いのはどの民族か？
① チベット族　② ウイグル族　③ チワン族　④ 満州族

第2問
キルギス族と同様、遊牧を主とするチュルク系の民族は何か？
① ウイグル族　② タジク族　③ ウズベク族　④ カザフ族

第3問
タジク族は以下のどの宗教を信じているか？
① キリスト教　② イスラム教スンニー派　③ イスラム教スーフィズム　④ イスラム教シーア派

第4問
朝鮮族は現在、韓国企業が集中するある省への移住が多い。どの省か？
① 遼寧省　② 天津市　③ 河北省　④ 山東省

第5問
満州族は何系の民族か？
① ツングース系　② チュルク系　③ モンゴル系　④ シナ・チベット系

第6問
中国の民には海洋ルートで海外のイスラム教を受容した人々もいる。彼らは何族と呼ばれているか？
① 回族　② シボ族　③ リー族　④ 高山族

第7問
台湾高山族が1930年に抗日蜂起した事件は何と呼ばれる？
① 二二八事件　② 牡丹社事件　③ 台湾征伐　④ 霧社事件

第8問
日本統治期に高砂族と呼ばれた台湾原住民が清朝期に呼ばれていた名前は？
① 塾蕃　② 生蕃　③ 高山族　④ 平埔族

第9問
チャン（羌）族は何系の民族か？
① チベット・ビルマ系　② モンゴル系　③ ミャオ・ヤオ系　④ カム・タイ系

第10問
チワン族は何系の民族か？
① チベット・ビルマ系　② モンゴル系　③ ミャオ・ヤオ系　④ カム・タイ系

第11問	ベトナムの主要民族は中国南部にも一部住んでいる。何族と呼ばれているか？		
76頁	① プイ族	② マオナン族	③ リー族	④ キン族

第12問	タイ族の有名な祭りは何と呼ばれるか？		
76頁	① ナーダム	② 水かけ祭り	③ ラマダン	④ 春節

第13問	独特な鼓楼、花橋、風雨橋で有名な民族は何？		
77頁	① ナシ族	② チワン族	③ イ族	④ トン族

第14問	文成公主と同時期にチベットはもうひとりの皇女を外国から迎えている。どの国からか？		
81頁	① インド	② ネパール	③ ミャンマー	④ タイ

第15問	ダライラマはチベット仏教におけるどの派に属するか？		
81頁	① サキヤ派	② カギュ派	③ ゲルク派	④ ボン教

Point

少数民族の中で最も人口が多いのはチワン族である。また、チュルク系民族で遊牧に最も特化しているのはカザフ族である。彼らチュルク系は基本的にはスンニー派イスラム教徒であるが、回族はスーフィズムを信じ、さらにはイラン系のタジク族は、やはりイランと同じくシーア派を信じている。

同様にチベット仏教にもサキヤ派、カギュ派、ゲルク派といった派があり、ダライラマはゲルク派に属している。モンゴル族が信じるのもこのゲルク派である。

なお、チャン（羌）族はチベット・ビルマ系、チワン族はカム・タイ系の民族。ベトナムの主要民族はキン族で中国では「京族」と表現される。その他、民族に独特な風習としては、タイ族の水かけ祭り、独特な鼓楼、花橋、風雨橋のトン族を覚えておこう。

台湾の少数民族は本来多数存在するものが、大陸中国では「高山族」として一括されている。彼らのうち、山岳部に住んでいた民族は勇猛な首狩り族で、1930年には「霧社事件」という抗日蜂起を起こしている。彼らは清朝には「生蕃」と呼ばれていた。

第1問③ | 第2問④ | 第3問④ | 第4問④ | 第5問① | 第6問① | 第7問④ | 第8問②
第9問① | 第10問④ | 第11問④ | 第12問② | 第13問④ | 第14問② | 第15問③

民族・宗教

1級（百科老師コース）

第1問（40頁）
新疆ウイグル自治区におけるウイグル族の人口比率は？
① 35%　② 45%　③ 55%　④ 65%

第2問（69頁）
以下のチュルク系民族の中で新疆ウイグル自治区以外を拠点とするものはどれか？
① ウズベク族　② カザフ族　③ キルギス族　④ サラール族

第3問（63頁）
新疆ウイグル自治区にあるタジク族の自治県の名前は何か？
① タシュクルガン　② ホロンバイル　③ イリ　④ パインゴリン

第4問（63頁）
オロス族は当初、どういう事情で中国域内に流入したか？
① 商人として進出　② ロシア革命で越境　③ 革命運動への参加　④ 強制移住

第5問（64頁）
満州族は少数民族の中で何番目に人口が多いか？
① 1番目　② 2番目　③ 3番目　④ 4番目

第6問（60頁）
回族は以下のどの宗教を信じているか？
① チベット仏教　② イスラム教スンニー派　③ イスラム・スーフィズム　④ イスラム教シーア派

第7問（61頁）
海南島にはイスラム教を信じるマレー系民族が定着している。彼らは何族と呼ばれているか？
① リー族　② 高山族　③ ミャオ族　④ 回族

第8問（78頁）
台湾の高山族は何系の民族か？
① オーストロネシア語族　② モン・クメール語群　③ カム・タイ語群　④ ミャオ・ヤオ語群

第9問（68頁）
新疆ウイグル自治区ウルムチ市での大規模な民族衝突事件は何年に起きた？
① 2007年　② 2008年　③ 2009年　④ 2010年

第10問（64-65頁）
以下のうち、ツングース系でないものはどれか？
① 満州族　② エヴェンキ族　③ オロチョン族　④ ウイグル族

第11問	ミャオ・ヤオ系（語群）の民族は古代に南下して現在の地に至っている。それはどうした理由によってか？	1回め	2回め
74頁	① 漢族との同化　② 圧迫を避けて南下　③ 人口増への対応　④ 交易を求めて南下		

第12問	モンゴル族はチベット仏教の何派を信じているか？	1回め	2回め
66頁	① サキヤ派　② カギュ派　③ ゲルク派　④ ボン教		

第13問	チベットに仏教が伝来する前に存在した宗教は？	1回め	2回め
81頁	① イスラム教　② ヒンズー教　③ ゾロアスター教　④ ボン教		

第14問	中国に仏教が伝来したのは何世紀か？	1回め	2回め
80頁	① 1世紀　② 2世紀　③ 3世紀　④ 4世紀		

第15問	ダライラマの称号を最初に与えたのは誰か？	1回め	2回め
81頁	① アルタン・ハーン　② チンギス・ハーン　③ フビライ・ハーン　④ ソンツェン・ガンボ		

Point　新疆ウイグル自治区の民族比率の変遷には波がある。中華人民共和国成立後は「生産建設兵団」という一種の屯田兵の進出で漢族比率が増えたが、その後、在住漢族が一人っ子政策の一方で、少数民族にはその政策が緩められていたために、少数民族人口の比率が再び高まっている。この結果、現在、自治区内における漢族の人口比は35％程度にとどまっている。ただ、実際には戸籍を持たない漢族の特に都市部への流入があり、経済格差も相まって民族矛盾は収まっていない。その最も激しい爆発が2009年7月のウルムチ暴動であった。

なお、少数民族の中で2番目に多い人口を有する満州族はツングース系、台湾の高山族はオーストロネシア系（語族）に属し、スラブ系のオロス族は19世紀に商人として中国に入りだしている。他方、ミャオ・ヤオ系の民族は秦漢王朝の圧力で雲南、貴州、湖南、湖北などに南下してきた民族である。

宗教としては、中国への仏教の伝来が1世紀の後漢期であったこと、チベットへの仏教の伝来前はボン教が信じられていたこと、ダライラマの称号はモンゴル族のトゥメト族長のアルタン・ハーンが最初に与えたものであることも知っておきたい。

第1問② | 第2問④ | 第3問① | 第4問① | 第5問② | 第6問③ | 第7問④ | 第8問①
第9問③ | 第10問④ | 第11問② | 第12問③ | 第13問④ | 第14問① | 第15問①

世界遺産

3級（ものしりコース）

第1問 北京市にある、西太后により改修された世界最大の皇帝庭園の1つは？
① 頤和園　② 故宮　③ 周口店　④ 天壇

第2問 清朝歴代皇帝が夏の離宮としたのは？
① 瀋陽故宮　② ノルブリンカ　③ 避暑山荘　④ 平遥古城

第3問 秦の始皇帝陵と兵馬俑坑はどこにある？
① 上海市郊外　② 南京市郊外　③ 西安市郊外　④ 北京市郊外

第4問 フビライによって建設された都城跡、上都遺跡はどこか？
① 内モンゴル自治区　② 河南省　③ 広東省　④ チベット自治区

第5問 山東省にある孔子と子孫を祀ってある三孔とは孔廟・孔府と何を指す？
① 孔孫　② 孔殿　③ 孔墓　④ 孔林

第6問 敦煌莫高窟はどこにあるか？
① 河南省　② 甘粛省　③ 重慶市　④ 山西省

第7問 旧市街の景観で有名なマカオはどこの国から返還されたか？
① イギリス　② スペイン　③ フランス　④ ポルトガル

第8問 福建省西部と南部の山中に見られる独特の円形や方形の居住用建物は？
① 石楼　② 高楼　③ 土楼　④ 望楼

第9問 明清代、大運河沿いに作られた中国式の庭園のある江蘇省の街は？
① 上海　② 蘇州　③ 天津　④ 南京

第10問 元代に、杭州の西湖十景の美しさを絶賛したヨーロッパ人は？
① ダライラマ　② ヌルハチ　③ フビライ　④ マルコポーロ

第11問	四川省に属し、標高3900メートル以上で、九寨溝に近い自然遺産は？	1回め	2回め

97頁
① 黄龍　　② 澄江　　③ 麗江　　④ 廬山

第12問	中国「天下第一の奇観」と言われるカルスト地形の石林は何省か？	1回め	2回め

98頁
① 雲南省　　② 貴州省　　③ 湖南省　　④ 重慶市

第13問	湖南省にあり張家界とも呼ばれ、映画「アバター」の撮影地となったのは？	1回め	2回め

99頁
① 石林　　② 澄江　　③ 武陵源　　④ 竜虎山

第14問	世界複合遺産の峨眉山と楽山大仏はどこにある？	1回め	2回め

101頁
① 安徽省　　② 四川省　　③ 陝西省　　④ 山西省

第15問	2013年世界遺産登録されたヨーロッパと結ぶ歴史的な東西交易のルートは？	1回め	2回め

102頁
① 三江併流　　② 新疆天山　　③ 外八廟　　④ 万里の長城

地理 1

Point　世界遺産は歴史とともに地理にも関連深い。地図を見ながら場所を確認しておくことも大事だ。北京は明代以降の世界遺産が多く、故宮、天壇、頤和園等の特徴を確認したい。河北省承徳の避暑山荘は清朝夏の離宮、ノルブリンカはダライラマ夏の宮殿。秦の始皇帝陵と兵馬俑坑は陝西省西安（昔の長安）付近にある。元の都は大都（今の北京）、以前は北の上都（現、内モンゴル自治区）。中国最大の思想家、孔子関連施設は大事だ。孔子を祀る孔廟、住宅である孔府、林立する木々の中の一族の墓が孔林。敦煌莫高窟も重要、甘粛省の北西部、シルクロードの入口、砂漠の中だ。マカオは20世紀最後の年、1999年にポルトガルから返還、97年には香港がイギリスから返還されている。福建省にある円形、方形の建物、土楼は文字通り周囲が土壁、写真を見ておきたい。杭州－北京を結ぶ大運河（2014年に世界遺産に登録）沿線の蘇州は水運で栄え、各時代には名園が築かれた。杭州、西湖周辺の美しさも、日本人にも親しみを持たれ、マルコポーロも絶賛した。中国のカルスト地形は壮大だ。その代表格が雲南省の石林、湖南省の武陵源（張家界）だ。

　四川省も世界遺産が多い。自然遺産の九寨溝と黄龍、複合遺産の峨眉山と楽山大仏、文化遺産の青城山と都江堰も各々内容とセットで覚えてほしい。シルクロード中国側西端の天山南路と北路は新疆ウイグル自治区で初の世界遺産。

第1問① ｜ 第2問③ ｜ 第3問③ ｜ 第4問① ｜ 第5問④ ｜ 第6問② ｜ 第7問④ ｜ 第8問③
第9問② ｜ 第10問④ ｜ 第11問① ｜ 第12問① ｜ 第13問③ ｜ 第14問② ｜ 第15問②

世界遺産

2級（中国通コース）

第1問 北京市にあり、皇帝の陵墓群として知られるのは？
① 清東陵　② 明顕陵　③ 盛京三陵　④ 明の十三陵

第2問 15世紀明の永楽帝の時代に建築され歴代皇帝が豊作を祈った場所は？
① 頤和園　② 故宮　③ 外八廟　④ 天壇

第3問 秦の始皇帝陵、兵馬俑坑は何省にあるか？
① 河南省　② 陝西省　③ 河北省　④ 遼寧省

第4問 全国道教の中心的地位にある武当山は何省？
① 湖北省　② 山東省　③ 重慶市　④ 山西省

第5問 少林寺塔林等で知られる世界遺産の名は？
① 安徽省南部の古村落　② 五台山　③ 青城山　④ 「天地之中」歴史建築群

第6問 中国華僑の歴史と文化伝統を残す開平の望楼群はどこか？
① 広東省　② 上海市　③ 浙江省　④ 福建省

第7問 雲南省にあるのはどれか？
① 蘇州の古典庭園　② 平遥古城　③ 麗江古城　④ 廬山国家公園

第8問 杭州西湖は何省か？
① 安徽省　② 江蘇省　③ 上海市　④ 浙江省

第9問 青城山と都江堰はどこにあるか？
① 雲南省　② 四川省　③ 重慶市　④ 北京市

第10問 四川省西北部、2000メートル以上の高原にあって隣接する2つの世界自然遺産は？
① 九寨溝・黄龍　② 周口店・九寨溝　③ 青城山・黄龍　④ 都江堰・黄龍

第11問
世界遺産「三江併流」に含まれる長江の上流部は何省に属するか？

98頁

① 雲南省　② 河南省　③ 江西省　④ 上海市

第12問
張家界とも呼ばれる武陵源は何省か？

99頁

① 広東省　② 湖南省　③ 浙江省　④ 福建省

第13問
中国五岳の1つ、泰山は何省か？

100頁

① 湖南省　② 山東省　③ 山西省　④ 陝西省

第14問
中国四大仏教名山の1つ、時に仏光（ブロッケン現象）が見られるのは？

101頁

① 峨眉山　② 黄山　③ 泰山　④ 武夷山

第15問
武夷山はどこにある？

101頁

① 河南省　② 河北省　③ 四川省　④ 福建省

Point

日本人が一番行くところは北京なので、3級以上に首都北京の世界遺産はしっかり理解しておきたい。皇帝の陵墓は明の十三陵で、皇帝が豊作祈願したのは天壇の祈年殿だ。また全国の世界遺産の位置も把握しておきたい、「中国通」に合格すると聞かれる機会が多いはず。中でも始皇帝、ダライラマ関連世界遺産は大事だ。拳術で有名な南の武当山（湖北省）と「天地之中」歴史建築群に含まれる北の少林寺（河南省）、2つの省の位置を地図で確認してほしい。

開平の望楼群は華僑の送り出しが多かった南部の広東省。南西部にあるのが雲南省で、麗江古城はナシ族の都としてトンパ文字などでも有名。さらに北西200キロに長江（揚子江）等3つの大河の上流、三江併流がある。渓谷と氷山の間を「川」の字状に流れる景観。

四川省の世界遺産は3級の解説を参照し、近接する遺産同士をセットで覚えてほしい。都江堰は蜀（今の四川省）の都の水利施設として造られた。自然遺産の武陵源は湖南省、複合遺産で中国五岳の代表格、泰山は山東省、これも必須事項だ。「4大仏教名山」は峨眉山、五台山、普陀山、九華山、うち世界遺産登録は前2者、峨眉山はブロッケン現象が見られることで知られる。武夷山は自然遺産、文化遺産双方の複合遺産で、福建省に位置する。高級ウーロン茶で有名だ。

第1問 ④ ｜ 第2問 ④ ｜ 第3問 ② ｜ 第4問 ① ｜ 第5問 ④ ｜ 第6問 ① ｜ 第7問 ③ ｜ 第8問 ④
第9問 ② ｜ 第10問 ① ｜ 第11問 ① ｜ 第12問 ② ｜ 第13問 ② ｜ 第14問 ① ｜ 第15問 ④

世界遺産

1級（百科老師コース）

第1問 承徳の避暑山荘、外八廟はどこにあるか？
① 内モンゴル自治区　② 河北省　③ 北京市　④ 遼寧省

第2問 遼寧省にあるのはどれか？
① 清東陵　② 清西陵　③ 盛京三陵　④ 明十三陵

第3問 世界遺産「万里の長城」として登録されていない場所は？
① 山海関　② 嘉峪関　③ 上都　④ 八達嶺

第4問 万里の長城は始皇帝が整備して以降、いつまで改修が続いたか？
① 唐　② 元　③ 明　④ 中華民国

第5問 世界五大仏教聖地の1つ、中国の四大仏教名山の1つといえば？
① 五台山　② 嵩山　③ 武当山　④ 宝頂山

第6問 山西省大同の西郊にあるのは？
① 雲崗石窟　② 大足石刻　③ 敦煌莫高窟　④ 龍門石窟

第7問 マカオが中国に返還されたのは何年か？
① 1949年　② 1997年　③ 1999年　④ 2000年

第8問 廬山国家公園は何省か？
① 雲南省　② 江西省　③ 江蘇省　④ 山西省

第9問 周口店の北京原人遺跡の発見はいつごろか？
① 1920年代　② 1940年代　③ 1960年代　④ 1800年代

第10問 九寨溝周辺に住む少数民族は？
① ウイグル族　② チベット族　③ チワン族　④ ナシ族

第11問	「地上の楽園」シャングリラが属する自然遺産名は？	1回め	2回め
98頁	① 安徽省南部の古村落　② 三江併流　③ 中国丹霞　④ 廬山国家公園		

第12問	道教の霊山、三清山は何省か？	1回め	2回め
98頁	① 雲南省　② 貴州省　③ 江西省　④ 重慶市		

第13問	黄山は何省か？	1回め	2回め
100頁	① 安徽省　② 湖南省　③ 湖北省　④ 四川省		

第14問	高さ71m、世界最大の石刻座像で岷江等3つの川の合流点にあるのは？	1回め	2回め
101頁	① 雲崗石窟　② 大足石刻　③ 龍門石窟　④ 楽山大仏		

第15問	紅河哈尼棚田群はどこにある？	1回め	2回め
102頁	① 四川省　② 雲南省　③ チベット自治区　④ 新疆ウイグル自治区		

Point

1級合格者は中国の世界遺産を熟知していることが求められる。北京以外の皇帝関連施設であるが、清朝の皇帝避暑地は北京北方の河北省承徳、やはり清朝誕生の地現在の瀋陽（昔は盛京）周辺には3人の皇帝陵がある。福陵、昭陵、永陵で、盛京三陵と言う。清東陵と清西陵は河北省にある。万里の長城はあまりにも有名、詳細まで把握しておきたい。

中国には宗教関係の世界遺産は多いが、1級では4大仏教名山（解説2級参照）、石窟に関する位置、歴史等もしっかり確認しておくこと。現代の歴史としてマカオの返還（99年）、香港の返還（97年）は重要だ。やはり現代史ゆかりの宋美齢の別荘、廬山会議等で知られる廬山は江西省北部に位置する風光明媚な場所。北京原人遺跡（周口店）は考古学上も重要な位置づけだが、1920年代に頭蓋骨などが発見され、その後日中戦争中に行方不明になり日本軍の関与も噂された経過がある。四川省最奥にある九寨溝、黄龍周辺は1950年以前チベットの「カム」ないし「西康省」と呼ばれたチベット族居住地域であった（『中国百科』42ページ）。道教の霊山であるが三清山（江西省）は自然遺産、自然に富んでいるが黄山（安徽省）は複合遺産である、確認しておきたい。2013年に文化遺産に登録された新疆天山、紅河ハニ棚田群も位置を地図で確認しておくべきだ。

第1問② | 第2問③ | 第3問③ | 第4問③ | 第5問① | 第6問① | 第7問③ | 第8問②
第9問① | 第10問② | 第11問② | 第12問③ | 第13問① | 第14問④ | 第15問②

中国各少数民族の宗教信仰（相当する部分に○）

民族名	仏教(チベット)	仏教(上座)	仏教(大乗)	イスラム教(スンニー派)	イスラム教(スーフィズム)	イスラム教(ジーア派)	土俗	キリスト教(プロテスタント)	キリスト教(カトリック)	道教
チベット族	○									
モンゴル族	○									
メンパ族	○									
トゥー族	○									
ロッパ族										
チャン族										
ユーグ族	○									
ダフール族	○									
プミ族	○									
ヌー族	○									
ナシ族	○									
ウイグル族				○						
カザフ族				○						
キルギス族				○						
ウズベク族				○						
タタール族				○						
回族				○	○					
トンシャン族				○	○					
サラール族				○	○					
ボウナン族				○	○					
タジク族						○				
タイ族		○								
プラン族		○								
アチャン族		○								
ドゥアン族		○								
ワ族		○					○			
ミヤオ族							○	○	○	
プイ族							○	○		

民族名	仏教(チベット)	仏教(上座)	仏教(大乗)	イスラム教(スンニー派)	イスラム教(スーフィズム)	イスラム教(ジーア派)	土俗	キリスト教(プロテスタント)	キリスト教(カトリック)	道教
リス族							○	○	○	
ラフ族	○						○			
スイ族							○			
チンポー族							○	○	○	
イ族							○			
ヤオ族							○			
リー族							○			
トン族							○			
ハニ族							○			
コーラオ族							○			
チノー族							○			
ムーラオ族							○			
トゥルン族							○			
満州族							○			○
シボ族							○			○
エヴェンキ族							○			○
オロチョン族							○			○
ホジェン族							○			
高山族							○			
ペー族			○							○
チワン族								○	○	
トゥチャ族								○	○	
ショオ族										
マオナン族										
キン族								○		
朝鮮族								○		
オロス族							○			

註：土俗はシャーマニズムやアニミズム、オロス族とごく一部のエヴェンキ族はロシア正教。
王柯『多民族国家中国』（岩波書店、2005年）から引用。但し一部修正してある。

政治経済

第2部

政治と法
経済と産業

政治と法

3級（ものしりコース）

第1問 (106頁)
中華人民共和国最初の憲法典の制定は何年？
① 1911年　② 1949年　③ 1954年　④ 1982年

第2問 (108頁)
中国語で「全国人大」と省略される機関の正式名称は？
① 全国人民運動大会　② 全国人民代表大会　③ 全国人民政治協商大会　④ 全国人民労働大会

第3問 (108頁)
全国人民代表大会閉会中にその任にあたるのは？
① 中国共産党政治局　② 国務院　③ 全国人民代表大会常務委員会　④ 中国人民政治協商会議

第4問 (113頁)
国務院総理を指名するのは？
① 全国人民代表大会　② 中国人民政治協商会議　③ 中華全国総工会　④ 国家主席

第5問 (111頁)
「特赦」（日本の恩赦にあたる）を行なうのは？
① 全国人民代表大会常務委員会　② 国務院　③ 最高人民検察院　④ 最高人民法院

第6問 (112頁)
国務院の長は？
① 内閣総理大臣　② 国務院長　③ 国務院総理　④ 総統

第7問 (112頁)
1954年から1976年までの国務院総理は？
① 李克強　② 温家宝　③ 周恩来　④ 趙紫陽

第8問 (110頁)
国家主席を選出するのは？
① 国務院　② 全国人民代表大会　③ 元老院　④ 国民大会

第9問 (113頁)
外交使節を接受するのは？
① 国家主席　② 海関総署　③ 北京市長　④ 釣魚台国賓館

第10問 (114頁)
中国の武装力は中国人民解放軍・民兵と何？
① 紅衛兵　② 中国人民武装警察　③ 上海協力機構軍　④ 八路軍

第11問	人民解放軍旗にある「八一」とは？		1回め	2回め
115頁	① 八路軍第一連隊　② 抗日救国宣言の1935年8月1日　③ 南昌クーデターの1927年8月1日　④ 日清戦争宣戦布告の1894年8月1日			

第12問	中国人民政治協商会議の性質は？		1回め	2回め
116頁	① 統一戦線　② 政党　③ 商工会議所　④ 労働組合			

第13問	特別行政区は香港とどこ？		1回め	2回め
116頁	① 台湾　② マカオ　③ 深圳　④ チベット			

第14問	中国で「中共」と略称される組織は？		1回め	2回め
118頁	① 中国共産党　② 中央共同通信社　③ 中国・外国共生会　④ 中央大学共同食堂			

第15問	中国共産党の最高意思決定機関は？		1回め	2回め
118頁	① 中国人民政治協商会議　② 中央軍事委員会総政治部　③ 全国代表大会　④ 全国人民代表大会			

Point 　公式制度を理解するには、まず『中国百科』の「政治と法」を通読し、さらに憲法を通読することを勧めたい。中国語版は各種のサイトで紹介している。日本語訳としては高橋和之編『新版 世界憲法集 第二版』（岩波書店、2012年）および同書所掲参考文献などがある。国家機関ならびに共産党機関の正式名称およびそれらを担う主要な人物名などを覚えれば中国報道も理解しやすくなる。前衛政党が国家活動全般を指導する体制は、1920年代以来の国民党統治下（1990年代までの台湾含む）および共産党統治下の中国（中華人民共和国成立前の根拠地を含む）の特徴である。

　政治秩序の面から言えば、党機関の意思決定があり、それが国家機関に提案され、国家機関で決定されて国家意思となる。

　法秩序の面から言えば、国家機関が主体であり、党は国家の中の一団体であって、国家法の枠組みで行動している建前となる。この両面から中国の公式秩序を説明できるようにすることが重要である。

　法制度については、全面的市場メカニズム導入の産物（1992年以降）か否かで整理するとわかりやすい。憲法は上記の政治システムを反映しているので1992年以降もあまり変わっていない。

第1問③｜第2問②｜第3問③｜第4問④｜第5問①｜第6問③｜第7問③｜第8問②
第9問①｜第10問②｜第11問③｜第12問①｜第13問②｜第14問①｜第15問③

政治と法

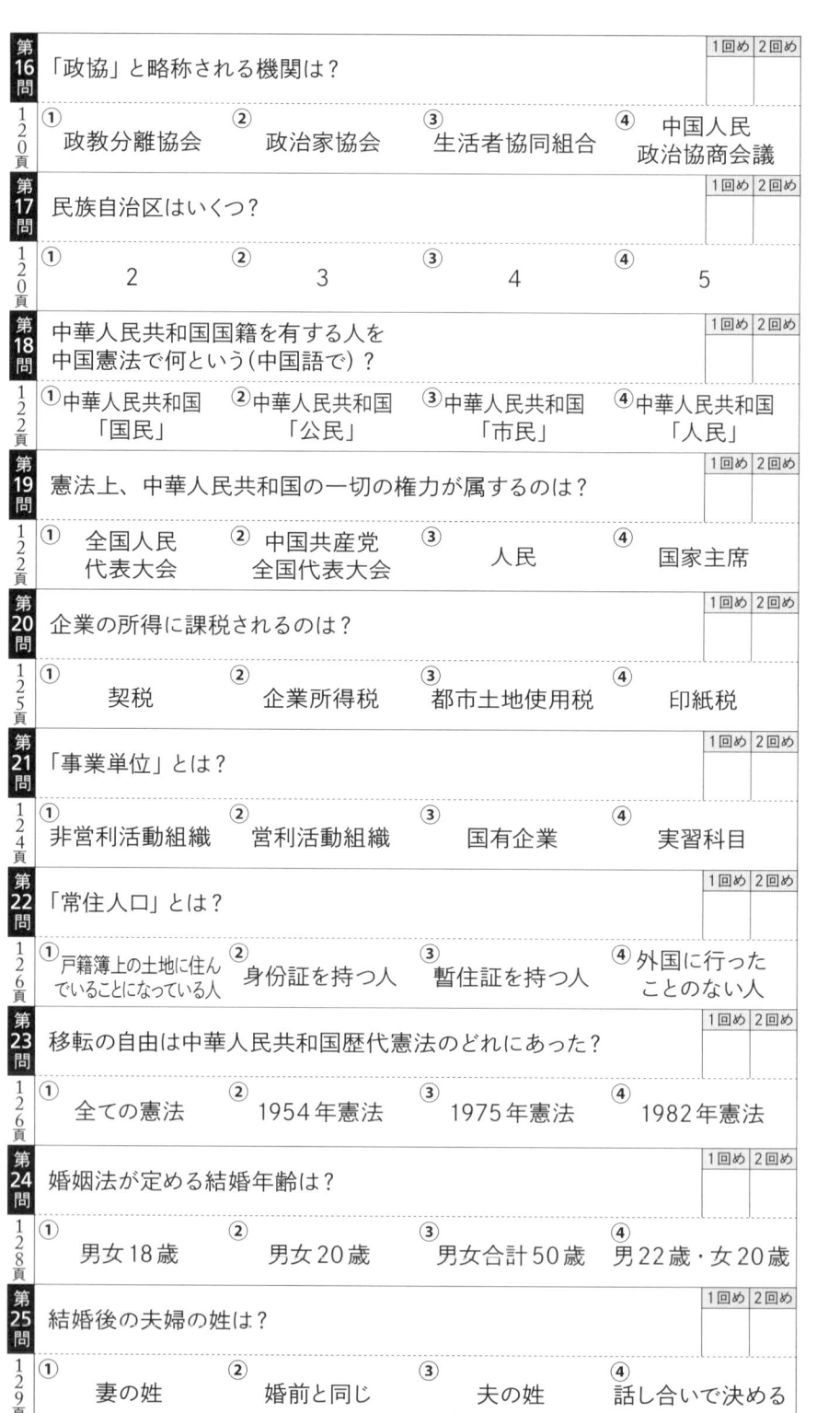

3級（ものしりコース）

第16問 (120頁) 「政協」と略称される機関は？
① 政教分離協会
② 政治家協会
③ 生活者協同組合
④ 中国人民政治協商会議

第17問 (120頁) 民族自治区はいくつ？
① 2
② 3
③ 4
④ 5

第18問 (122頁) 中華人民共和国国籍を有する人を中国憲法で何という（中国語で）？
① 中華人民共和国「国民」
② 中華人民共和国「公民」
③ 中華人民共和国「市民」
④ 中華人民共和国「人民」

第19問 (122頁) 憲法上、中華人民共和国の一切の権力が属するのは？
① 全国人民代表大会
② 中国共産党全国代表大会
③ 人民
④ 国家主席

第20問 (125頁) 企業の所得に課税されるのは？
① 契税
② 企業所得税
③ 都市土地使用税
④ 印紙税

第21問 (124頁) 「事業単位」とは？
① 非営利活動組織
② 営利活動組織
③ 国有企業
④ 実習科目

第22問 (126頁) 「常住人口」とは？
① 戸籍簿上の土地に住んでいることになっている人
② 身份証を持つ人
③ 暫住証を持つ人
④ 外国に行ったことのない人

第23問 (126頁) 移転の自由は中華人民共和国歴代憲法のどれにあった？
① 全ての憲法
② 1954年憲法
③ 1975年憲法
④ 1982年憲法

第24問 (128頁) 婚姻法が定める結婚年齢は？
① 男女18歳
② 男女20歳
③ 男女合計50歳
④ 男22歳・女20歳

第25問 (129頁) 結婚後の夫婦の姓は？
① 妻の姓
② 婚前と同じ
③ 夫の姓
④ 話し合いで決める

第26問	中国で重婚罪にならないのは？		1回め	2回め
129頁	① 二重の事実婚　② 一夜のみの関係　③ 二重の結婚登記　④ 正妻と内縁の妻			

第27問	中華人民共和国農村の土地は誰の所有？		1回め	2回め
130頁	① 国有　② 農民個人所有　③ 集団（「村」など）所有　④ 家族共同所有			

第28問	地形・方位から土地の吉凶を占うのは？		1回め	2回め
131頁	① 観相　② 風水　③ 塔羅牌　④ 房中術			

第29問	中華人民共和国刑法が定める主刑のうち最も軽いのは？		1回め	2回め
132頁	① 罰金　② 管制　③ 拘役　④ 警告			

第30問	1ヵ月以上6ヵ月以下の労働改造刑は？		1回め	2回め
132頁	① 拘留　② 拘役　③ 懲役　④ 労働教養			

2 政治経済

Point　法については、専門用語があり、日本人でも日本法について詳しい人は少ない。まして外国法となればなおさらである。他面、中国とビジネスや文化交流などを行なうときには、法の面での知識が必要になる。3級はその基礎にあたる部分が試される。中国憲法に目を通しつつ、それと比較しながら日本国憲法に目を通すのもよいだろう。中国で中華人民共和国憲法の愛好者がどれほどいるのかわからないが、日本では日本国憲法の愛好者は少なくない。それぞれの歴史が背景にあることなので考える値打ちのある事柄である。

　国家機関として押さえておくべきなのは、全国人民代表大会、全国人民代表大会常務委員会、国務院、最高人民法院、最高人民検察院、中央軍事委員会、国家主席などである。また、これらの中国での略称と日本のメディアが用いる略称なども知っておくと報道が理解しやすくなる。その他の用語としては「公民」「人民」「企業」「事業」なども日本語とは必ずしも一致しない中国の文脈での意味があるので注意されたい。

　現行の1982年憲法においては、都市の土地は国有、農村の土地は集団所有となっている。こうした土地制度は中華人民共和国成立以来のものではない。将来的にも変わる可能性を否定できない。読者においても注視されたい。

第16問④｜第17問④｜第18問②｜第19問③｜第20問②｜第21問①｜第22問①
第23問②｜第24問④｜第25問②｜第26問②｜第27問③｜第28問②｜第29問②｜第30問②

政治と法

2級（中国通コース）

第1問（106頁）
現行の1982年憲法の改正回数は？
① 1回　② 2回　③ 3回　④ 4回

第2問（116頁）
全国人大制度以前にその任にあったのは？
① 中国人民政治協商会議　② 中央軍事委員会　③ 国務院　④ 総理衙門

第3問（108頁）
憲法上、最高国家権力機関とされているのは？
① 国民大会　② 国会　③ 全国人民代表大会　④ 共産党全国代表大会

第4問（112頁）
周恩来が政務院総理から国務院総理に変わったのはいつ？
① 1945年　② 1949年　③ 1954年　④ 1976年

第5問（113頁）
国家主席・副主席ともに欠いた場合には誰がその任を負う？
① 国務院総理　② 中国共産党総書記　③ 全国人民代表大会常務委員会委員長　④ 北京市長

第6問（114頁）
中央軍事委員会が置かれているのは？
① 軍事科学院　② 国務院国防部　③ 中国共産党紀律審査委員会　④ 国家および中国共産党

第7問（117頁）
中国人民政治協商会議初代主席は？
① 巴金　② 劉少奇　③ 周恩来　④ 毛沢東

第8問（118頁）
制度上、総書記が中国共産党のトップとなったのは誰から？
① 胡耀邦　② 周恩来　③ 毛沢東　④ 趙紫陽

第9問（121頁）
中国語で「村」と表記されるのは？
①「県」の別称　②「鎮」の別称　③「郷」の別称　④ 村民委員会が置かれる基層自治ユニット

第10問（122頁）
中華人民共和国憲法において労働者階級と農民階級との同盟のことを何と言う？
①「工農共生」　②「工農聯盟」　③「兼業同盟」　④「労働農家」

第11問
中華人民共和国の会社の種類は「有限公司」と何？

① 「郷鎮公司」　② 「無限公司」　③ 「股份有限公司」　④ 「事業公司」

（124頁）

第12問
居民身份証事務を管轄するのは？

① 公安部門　② 民政部門　③ 国家安全部門　④ 労働衛生部門

（127頁）

第13問
日本のマンション管理組合（またはその理事会・役員会）に相当するのは？

① 城市管理行政執法局　② 工会　③ 居民委員会　④ 業主会

（131頁）

第14問
中華人民共和国における死刑の方法は銃殺と何？

① 絞首　② 電気いす　③ 注射　④ 斬首

（133頁）

第15問
共産党委員会の下におかれる司法関係機関の統轄機関は？

① 人権委員会　② 政法委員会　③ 人民法院　④ 人民検察院

（135頁）

2 政治経済

Point

2級レベルでは、制度の歴史的背景や具体的な法の定めなどの基礎知識が試される。現行の制度を理解するためには中華人民共和国成立以来のいきさつについても一定の知識が必要である。中華人民共和国の制度を歴史的に理解するためには、清末から中華民国期の歴史についての知識も必要である。また、これらを理解しておけば台湾の現行制度を理解する上でも役立つ。

党の指導（「領導」）とは言いつつも、他面では民主党派と呼ばれる政党や各種の団体や無党派人士などとの統一戦線もまた中国の多様性を理解する上で重要な事項である。共産党が中国の多様性を自覚し、各種の意見に耳を傾ける姿勢を見せることが党の指導の1つの表現でもある。各種の団体や地域に党組織が求められる場合も統制的側面と御用聞き的側面とがある。

人々の自治や権利については、法的に公式に認められ現実にも享受可能なものも、法的には認められていてもその実質的実現には困難が伴うもの、法的には認められていないが富と運とによって享受されるものなどがある。『中国百科』では1つ目に重点を置いて紹介している。なお、戸籍制度で紹介している新世代型居民身份証はICカード型で指紋情報も入力可能ではあるが、テキスト執筆時点ではまだ入力作業は行なわれていない。

第1問 ④ ｜ 第2問 ① ｜ 第3問 ③ ｜ 第4問 ③ ｜ 第5問 ③ ｜ 第6問 ④ ｜ 第7問 ④ ｜ 第8問 ①
第9問 ④ ｜ 第10問 ② ｜ 第11問 ③ ｜ 第12問 ① ｜ 第13問 ④ ｜ 第14問 ③ ｜ 第15問 ②

政治と法

1級（百科老師コース）

第1問 (106頁)
1947年憲法を部分的に停止したのは（台湾省戒厳令を除く）？
① 国連憲章　② 五箇条のご誓文　③ 動員戡乱時期臨時条款　④ 預備立憲の上諭

第2問 (109頁)
住民が直接選挙で人民代表を選べるのはどのレベルまで？
① 郷鎮レベル人民代表　② 県レベル人民代表　③ 省レベル人民代表　④ 全国人民代表

第3問 (112頁)
国務院が設置される前にその任にあったのは？
① 総統　② 全国人民代表大会　③ 政務院　④ 人民解放軍総政治部

第4問 (113頁)
中国共産党序列第1位たる総書記が国家主席となるようになったのは誰から？
① 江沢民　② 毛沢東　③ 劉少奇　④ 鄧小平

第5問 (114頁)
人民解放軍の作戦の立案・実行・部隊の指揮を行なうのは？
① 紀律審査委員会　② 国務院総理　③ 中央軍事委員会　④ 国防部

第6問 (106頁)
1954年憲法制定以前の臨時憲法は？
① 中国人民政治協商会議共同綱領　② 中華民国憲法　③ 中国共産党章程　④ 共産党宣言

第7問 (118頁)
中国共産党中央委員会委員を選出するのは？
① 中国人民政治協商会議　② 全国代表大会　③ 全国人民代表大会　④ 国家安全部

第8問 (120頁)
香港特別行政区基本法の解釈権を持つのは？
① 国務院　② 中国人民政治協商会議　③ マカオ最高裁判所　④ 全国人民代表大会常務委員会

第9問 (123頁)
契約法上の主体は、自然人・法人と何？
① 国家　② 政党　③ 少数民族　④ その他の組織

第10問 (125頁)
法律上の「企業」ではないが、個人または家族で商工業を営む者を何と言う？
① 工商業聯合会　② 個人商会　③ 農村請負経営戸　④ 個体工商戸

第11問 127頁	居民身份証16歳用は何年用？	① 2年	② 10年	③ 20年	④ 30年
第12問 129頁	婚姻法上何年別居すれば裁判で離婚が認められる？	① 半年	② 2年	③ 5年	④ 別居は理由にならない
第13問 131頁	中華民国期の登記制度整備以前に土地の権利を証明したのは？	① 契約書	② 族譜	③ 戸籍	④ 辞賦
第14問 133頁	治安管理処罰には警告・罰款・許可証取り消しのほかに何がある？	① 懲役	② 兵役	③ 笞	④ 拘留
第15問 135頁	法を象徴する神獣は？	① 玄武	② 鳳凰	③ 獬豸	④ 麒麟

Point

1級では、かなり詳細な事柄についての知識が試される。中国ビジネスや各種の交流事業やメディア関連の実務にあってクライアントや同僚に中国のことを説明する立場にあるならばどの程度のことを知っているべきかという観点から中国の政治や法に対して興味を持ってほしい。もし中国人と結婚するならば、もし中国で生産・流通拠点の仕事につくならば、長期に住むならば、どのようなことに留意すべきだろうか、といったような想像力を働かせると中国関連の情報を自らと関わりあるものとすることができる。また、実体験ある人の話をより深く理解して会話を楽しむことができる。

法制度については、民商法・経済法のように欧米や日本・台湾・韓国などと少なくとも表面的にはあまり変わらず、対話容易な分野と、憲法や刑事法のように政治体制と関わって根本原理からして異なるものとがある。中国には法はない、とか、法があっても役に立たない、といった俗説にはあまり耳を傾けない方がよい。法令類についてはコンピュータによる検索が必要なほどの数がある。役立ち度についてはどの社会でも定量的に計測することは難しい。関連法令が整い、関係者がそれらについて慣熟している場合であって、権利のための闘争をする気構えさえあれば、相当に役に立つ。

第1問③ | 第2問② | 第3問③ | 第4問① | 第5問③ | 第6問① | 第7問② | 第8問④
第9問④ | 第10問④ | 第11問② | 第12問② | 第13問① | 第14問④ | 第15問③

経済と産業

3級（ものしりコース）

第1問 （138頁）
中国では経済改革の基本方針が1992〜93年に確立したが、この方針は何と呼ばれる？
① 社会主義計画経済　② 社会主義市場経済　③ 国家資本主義　④ 国家社会主義

第2問 （141頁）
1990年代の国有企業改革以前に国有企業が従業員に保障する義務がなかったのは何？
① 住宅　② 年金　③ 医療　④ 大学進学

第3問 （143頁）
改革開放が始まった当初、最も就業者が多かった産業分類は？
① 第1次産業　② 第2次産業　③ 第3次産業　④ 第1、2、3次産業ともほぼ同率

第4問 （143頁）
現在、最も生産額が小さな産業分類は何？
① 第1次産業　② 第2次産業　③ 第3次産業　④ 第1、2、3次産業ともほぼ同率

第5問 （144頁）
現在の中国農業の経営主体の中心は何？
① 国有企業　② 協同組合企業　③ 零細農家　④ 外資企業

第6問 （145頁）
「農民工」と呼ばれる人々の数は現在どのくらい？
① 1000万人　② 5000万人　③ 1.3億人　④ 2.6億人

第7問 （145頁）
中国農業の基本問題は何と呼ばれている？
① 農村問題　② 農民問題　③ 農業問題　④ 三農問題

第8問 （147頁）
中国のエンゲル係数は基本的にどの方向に変化する？
① 上昇　② 下落　③ 変化なし　④ 下落の後上昇

第9問 （148頁）
現在、中国の貿易依存度は？
① 上昇中　② 下落中　③ ほとんど変化がない　④ 下落の後上昇中

第10問 （148頁）
中国の貿易量は現在、世界で何番目？
① 1位　② 2位　③ 3位　④ 4位

036

第11問	中国の巨額の貿易黒字の稼ぎ頭は産業部門別に見るとどれ？		
149頁	① 自動車　② 化学製品　③ 農林水産　④ 繊維・アパレル		

第12問	中国が日本の最大の貿易パートナーとなったのはいつから？		
149頁	① 1972年　② 1989年　③ 1995年　④ 2007年		

第13問	現在、中国の地域格差の傾向は？		
152頁	① 上昇中　② 減少中　③ ほぼ変化なし　④ 最近の上昇前は一貫して減少していた		

第14問	中国で最大のエネルギー供給源となっているのは何？		
154頁	① 石炭　② 石油　③ 天然ガス　④ 原子力		

第15問	現在の中国の石油の輸出入状況は？		
154頁	① 輸出国となっている　② 少量の輸入　③ 大幅に輸入に依存　④ 輸出入ともに多い		

Point　テキストの経済分野は中華人民共和国建国以降に限定されている。政治と経済は切り離すことができないのでテキストの近現代史分野および政治と法分野と併せて学ぶことが理解を容易にする。3級レベルは人民中国の政治経済の発展・変化過程と現状の概略を理解していることが求められる。新聞の中国報道を読んでいれば合格点が取れる。

　ポイントは鄧小平の改革・開放が始まる以前と以降の相違を理解していること。改革・開放以前の時期は、国民経済復興期、第1次5ヵ年計画期、大躍進期、国民経済調整期、プロレタリア文化大革命期の5期に分けられる。1978年末の11期3中全会を画期として改革・開放時代に入り、中国は高成長と躍進の時代を迎える。①伝統的計画経済体制から社会主義市場経済体制へ、②農業社会から工業社会へ、の二重の転換過程が進行している。この時期はさらに4・5時期に区分されるが、最大の分岐点は社会主義市場経済化路線を定めた1992・1993年である。ついでWTOに復帰した2001年前後。改革の全面深化路線を掲げた2012・2013年前後から新しい時代に入りかけており、2014年は改革の全面深化元年である。中国は既にGDP規模で世界第2位、貿易規模や外貨準備高で世界第1位。中国の貿易依存度は大国としては高く、また外資系企業の比重が高いことの理解も重要である。

第1問 ②　第2問 ④　第3問 ①　第4問 ①　第5問 ③　第6問 ④　第7問 ④　第8問 ②
第9問 ②　第10問 ①　第11問 ④　第12問 ④　第13問 ②　第14問 ①　第15問 ③

経済と産業

2級（中国通コース）

第1問（138頁）社会主義市場経済化路線が採択されたのは何年？
① 1978年　② 1987年　③ 1992年　④ 2001年

第2問（140頁）中国がWTO（世界貿易機関）に加入したのは何年？
① 1978年　② 1992年　③ 2001年　④ 2010年

第3問（141頁）改革・開放政策開始後、最初に一時的停滞を招いた事件は何？
① 周恩来の死去　② チベット暴動　③ 天安門事件　④ オイルショック

第4問（144頁）現在、中国の農業生産は増えている？
① 増えている　② 減っている　③ ほとんど変わらない　④ 減少の後増えている

第5問（144頁）中国の主要穀物の自給率は？
① 65%　② 75%　③ 85%　④ 95%

第6問（144/145頁）以下の農林水産業で近年の生産量の発展が他に比べて低いものはどれ？
① 野菜　② 穀物　③ 畜産　④ 水産業

第7問（145頁）文革期のスローガン「○○は大寨に学べ」の「○○」は何？
① 農業　② 工業　③ 鉱業　④ 商業

第8問（146頁）2010年現在、以下の産業部門の中で一番大きな生産額を有しているのはどの部門？
① 鉄鋼　② 石油化工　③ 石炭　④ 電力・熱源

第9問（146頁）2013年の中国の生産が世界第1位でないのはどれ？
① 繊維・アパレル　② 航空機産業　③ 化学肥料　④ 発電量

第10問（148頁）中国の対外経済関係の改善にとって重要な国連への復帰はどの時期？
① 1950年代　② 1960年代　③ 1970年代　④ 1980年代

		①	②	③	④
第11問	中国の貿易依存度(貿易総額/GDP)は2006年にピークとなりました。約何パーセント?	35%	45%	55%	65%
第12問	現在、中国の外貨準備高は世界第何位?	1位	2位	3位	4位
第13問	急増する外貨準備高を背景に2008年以降の対外経済関係として特徴化していることは?	後入先出法	対外投資	離婚対策	外資導入
第14問	香港と広東省の間で独自に形成された加工貿易はどれ?	一般貿易	国境貿易	来料加工	LT貿易
第15問	三資企業とは独資企業・合弁企業ともう1つは何?	台湾・香港・マカオ企業	株式合作企業	株式企業	合作企業

Point

改革・開放後の中国は、それまでの政策・制度の転換を手探りで始めている。開放政策は行き過ぎた自力更生政策の是正・開放経済化、改革政策は計画的経済における市場の役割の強化・重視となり、計画と市場の二元論を経て、1992年には「市場経済に基づく社会主義」(「社会主義市場経済論」)に行き着く。改革の進行には曲折があり、1989年の天安門事件で一時停滞を見るが、1992年の鄧小平の南巡講話以後「社会主義市場経済化」路線が採用され、改革は深化し始め、中国の着実な高度成長がここから始まる。

開放経済化は2001年にはWTO加盟に至り、貿易と貿易依存度が拡大し1994年以後の貿易の黒字基調はこれ以後さらに巨額となり、中国の外貨準備高は2006年には日本を上回り世界第1位となる。これを背景に中国企業の対外進出(対外直接投資)も本格化し始め、2008年以後は日本と肩を並べる規模に達する。

中国の貿易は、貿易依存度が高い、外資系企業の比重が高い、保税加工貿易の比重が高い、国際分業とりわけ国際的工程間分業における低付加価値部門を担当しているなど様々な特徴があり、高度化の改善課題がある。中国の産業構造高度化の理解は重要である。

第1問③ | 第2問③ | 第3問③ | 第4問① | 第5問④ | 第6問② | 第7問① | 第8問④
第9問② | 第10問③ | 第11問④ | 第12問① | 第13問② | 第14問③ | 第15問④

経済と産業

第1問 (138頁)
欧米や日本では中国の経済体制は「国家資本主義」とする見解がある。この理解が最大の前提としているのは何?

① 市場経済＝資本主義　② 資本主義＝私企業体制　③ 社会主義＝自然経済　④ 資本主義＝株式会社制度

第2問 (138頁)
中国が目指す「社会主義市場経済」の中味としてあてはまらないのはどれ?

① 現代的企業制度の確立　② 市場体系の育成　③ マクロコントロールの確立　④ 戸籍制度の廃止

第3問 (139頁)
中国の発展方式はしばしば「三高一低」であると言われる。「三高一低」の三高は高排出・高消耗ともう1つは何?

① 高成長　② 高効率　③ 高就業　④ 高投資

第4問 (140頁)
伝統的社会主義の経済面の3本柱と言われるのは社会的所有・計画経済ともう1つは何?

① 集団的所有　② 自由市場　③ 配給制　④ 労働に応じた分配

第5問 (140頁)
改革開放政策が開始された1978年の中国の人口はどのくらい?

① 8億人　② 9億人　③ 10億人　④ 11億人

第6問 (142頁)
経済発展に伴い中心産業は第1次産業から第2次産業、さらに第3次産業に移行するが、この法則は何と呼ばれている?

① マルクスの法則　② マルサスの法則　③ マーフィの法則　④ ペティ・クラークの法則

第7問 (147頁)
2013年の中国のエンゲル係数はどのくらい?

① 25%　② 35%　③ 45%　④ 55%

第8問 (148頁)
中国の2011年の貿易依存度(貿易額／GDP)はどのくらい?

① 10%程度　② 20%程度　③ 30%程度　④ 50%程度

第9問 (148頁)
中国の輸出に占める外資企業の占める比率はどの程度?

① 15%程度　② 35%程度　③ 55%程度　④ 75%程度

第10問 (148頁)
中国が貿易規模で世界第1位になったのはいつから?

① 1978年　② 1992年　③ 2001年　④ 2012年

1級（百科老師コース）

第11問 148頁	中国が恒常的な貿易黒字を出すようになったのはいつから？					1回め 2回め
	① 1978年	② 1994年	③ 2001年	④ 2008年		
第12問 149頁	日本が改革・開放後の中国の最大の貿易パートナーであったのはいつまで？					1回め 2回め
	① 1985年	② 1995年	③ 2004年	④ 2010年		
第13問 148頁	中国の外貨準備高が日本を抜いたのはいつ？					1回め 2回め
	① 1993年	② 2001年	③ 2006年	④ 2011年		
第14問 149頁	中国の対内直接投資が1000億ドルを超えたのはいつから？					1回め 2回め
	① 1992年	② 1998年	③ 2001年	④ 2010年		
第15問 154頁	中国の化石燃料供給について 石炭：石油：天然ガスの依存比率として正しいものはどれ？					1回め 2回め
	① 20:47:33	② 40:27:33	③ 60:17:33	④ 80:17:3		

Point 中国の経済体制をどう見るかについては見解が分かれるが、中国自身は市場経済に基づく社会主義であるとし、この場合の「社会主義」は計画的経済運営を意味している。国外では市場経済は資本主義に他ならないとして資本主義に移行した／しつつある体制と見る見解もある。伝統的社会主義は社会的所有、計画経済、労働に応じた分配を3本の柱としてきた。社会主義初級段階にあるとする中国は公的所有主、労働に応じた分配主とする共同富裕を目指す体制としている。中国で改革・開放政策が始まった1978年の人口は9億6000万人、2013年のそれは13億6000万人なので、この35年ほどで4億人＝日本人口の約3倍が増えたことになる。そうした大国での途上国水準からの発展で共同富裕や近代化を目指しているという国情を理解しておきたい。今、中国は高投資低効率の経済発展方式から持続可能な労働生産性の向上に支えられた経済発展方式への転換に懸命に取り組んでいる。1994年以後の貿易黒字により増大した外貨準備（2006年以後日本を抜き世界1位）を生かした対外直接投資も拡大中で、既に1000億ドルを超える対内直接投資規模とほぼ同額となっている。貿易規模が世界1位になったのは2012年から。中国の貿易相手国は2004年までは日本が第1位だったのが、その後米、欧に抜かれている。しかし日中経済関係は依然高水準にあり、日本の最大の貿易相手国である。

第1問① | 第2問④ | 第3問④ | 第4問④ | 第5問③ | 第6問④ | 第7問② | 第8問④
第9問③ | 第10問④ | 第11問② | 第12問③ | 第13問③ | 第14問④ | 第15問④

● 産業構造(第一次～第三次産業の比率の変化。1978年、2011年)

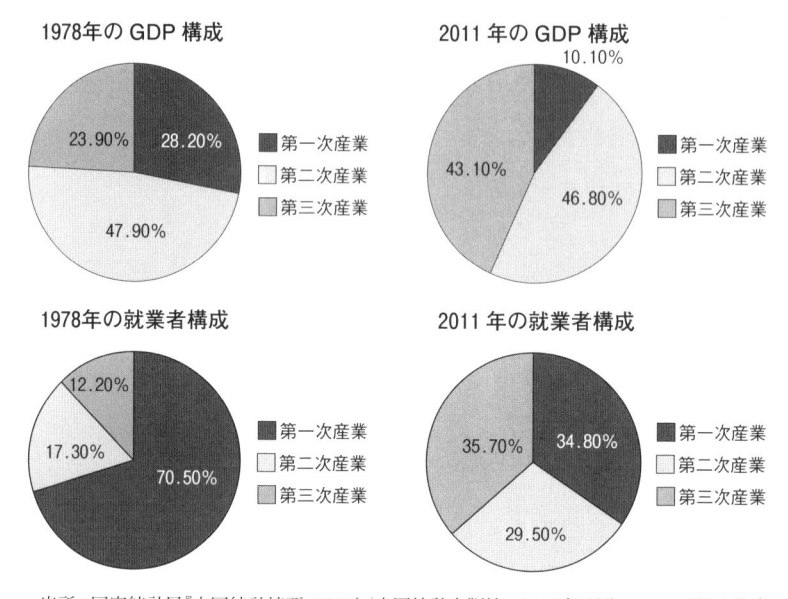

1978年のGDP構成
- 第一次産業 28.20%
- 第二次産業 47.90%
- 第三次産業 23.90%

2011年のGDP構成
- 第一次産業 10.10%
- 第二次産業 46.80%
- 第三次産業 43.10%

1978年の就業者構成
- 第一次産業 70.50%
- 第二次産業 17.30%
- 第三次産業 12.20%

2011年の就業者構成
- 第一次産業 34.80%
- 第二次産業 29.50%
- 第三次産業 35.70%

出所:国家統計局『中国統計摘要 2012』(中国統計出版社、2012年5月) 22、44頁より作成。

● 工業生産の構成(2010年)

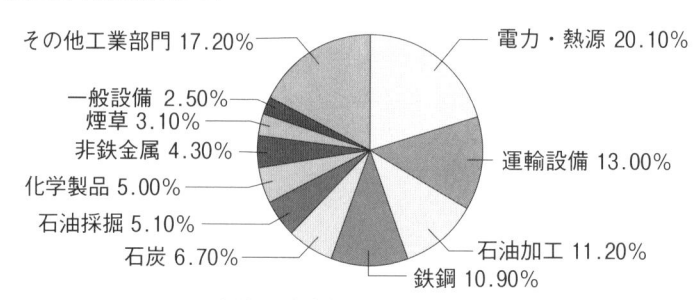

- 電力・熱源 20.10%
- 運輸設備 13.00%
- 石油加工 11.20%
- 鉄鋼 10.90%
- 石炭 6.70%
- 石油採掘 5.10%
- 化学製品 5.00%
- 非鉄金属 4.30%
- 煙草 3.10%
- 一般設備 2.50%
- その他工業部門 17.20%

出所:国務院発展研究中心企業研究所『中国企業発展報告2012』(中国発展出版社、2012年1月) 64頁より作成。

● 中国の貿易パートナー(2011年)

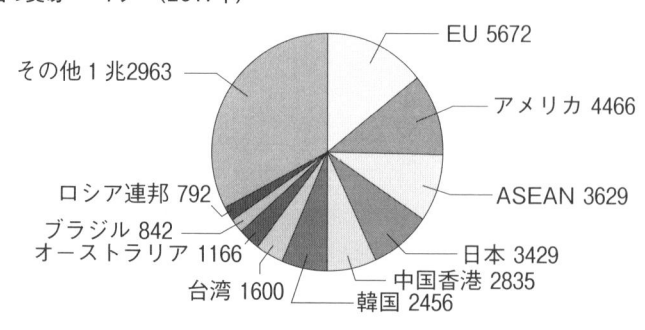

- EU 5672
- アメリカ 4466
- ASEAN 3629
- 日本 3429
- 中国香港 2835
- 韓国 2456
- 台湾 1600
- オーストラリア 1166
- ブラジル 842
- ロシア連邦 792
- その他 1兆2963

出所:国家統計局『中国統計摘要2012』69頁より作成。　単位:億ドル

歷史

第3部

古代文明～唐代
宋代～清代
近現代史

古代文明～唐代

3級（ものしりコース）

第1問
世襲皇帝の天命がかわって他の者に移ることを何と言う？
① 放伐　② 禅譲　③ 革命　④ 封禅

第2問
中国最初の皇帝はいつの時代に現れた？
① 殷　② 秦　③ 漢　④ 唐

第3問
古代の中国大陸で栄えた文明の総称として一般に使われてきた呼び方は？
① 四川文明　② 遼河文明　③ 黄河文明　④ 遊牧文明

第4問
紀元前6000年頃から紀元前3000年頃の黄河流域の展開で正しいのはどれ？
① 仰韶文化→良渚文化
② 仰韶文化→龍山文化
③ 良渚文化→龍山文化
④ 龍山文化→仰韶文化

第5問
長江文明を支えた農作物は何？
① アワ　② ヒエ　③ 稲　④ 小麦

第6問
現在実在が確認されている殷王朝の前に存在したとされる王朝は？
① 夏王朝　② 周王朝　③ 漢王朝　④ 晋王朝

第7問
問題6の王朝の前にあったとされる中国の伝説時代を何と言う？
① 諸子百家の時代　② 征服王朝の時代　③ 暗黒時代　④ 三皇五帝の時代

第8問
殷王朝を開いたのは誰？
① 后稷　② 幽王　③ 桀王　④ 湯王

第9問
殷はいつごろ存在した？
① 紀元前2000年頃～紀元前1500年頃
② 紀元前1500年頃～紀元前11世紀頃
③ 紀元前11世紀頃～紀元前770年
④ 紀元前770年～紀元前221年

第10問
殷の紂王を倒した西周の王は誰？
① 文王　② 成王　③ 宣王　④ 武王

第11問 西周の都は現在のどのあたりにあったか？
① 北京周辺　② 西安周辺　③ 上海周辺　④ 香港周辺

第12問 殷・西周時代と秦漢時代の間の時代を何と言う？
① 新石器時代　② 三国時代　③ 春秋戦国時代　④ 五胡十六国時代

第13問 問題12の分裂した時代を統一した人物は誰？
① 孟嘗君　② 武霊王　③ 黄帝　④ 始皇帝

第14問 儒家の人物の組み合わせとして正しいものはどれ？
① 孔子・老子・商鞅　② 孔子・孟子・荀子　③ 孔子・李斯・孟子　④ 呂不韋・孔子・荀子

第15問 法家の代表的な思想家は誰？
① 孔子　② 墨子　③ 荘子　④ 韓非子

第16問 前漢を建国したのは誰？
① 劉邦　② 劉備　③ 劉秀　④ 項羽

第17問 後漢の都はどこ？
① 洛陽　② 建業　③ 邯鄲　④ 西安

第18問 伝説時代から前漢中頃までの歴史を記した司馬遷による著作は何？
① 漢書　② 後漢書　③ 史記　④ 三国志

第19問 三国時代(三国志)の国に含まれるのはどれ？
① 宋　② 梁　③ 斉　④ 呉

第20問 三国時代の蜀の宰相として著名な人物で、北伐の途中病没したのは誰？
① 裴松之　② 羅貫中　③ 諸葛亮　④ 陳寿

古代文明～唐代

第21問 戦国時代から秦代にかけて北方・西方の遊牧民からの攻撃を避けるため築いたものは何？
① 大運河　② 長城　③ 陵墓　④ 石窟

第22問 265年に魏の禅譲を受けて司馬氏が建てた国は？
① 梁　② 陳　③ 呉　④ 晋

第23問 宋と北魏の対立から隋による天下統一までの分裂時期を何と呼ぶか？
① 東西対立時代　② 南北朝時代　③ 冷戦時代　④ 南船北馬時代

第24問 問題23の時代に勢力をほこったのはどれ？
① 庶民　② 武士　③ 貴族　④ 奴婢

第25問 隋第二代皇帝で、農民への過重な負担などから混乱の中で殺されたのは誰？
① 煬帝　② 文帝　③ 高祖　④ 太宗

第26問 隋代、問題25の皇帝の進攻を受けた朝鮮半島の国はどれ？
① 高麗　② 楽浪　③ 高句麗　④ 渤海

第27問 唐代初期の民衆への課税対象としてあてはまらないものは？
① 馬　② 調　③ 租　④ 庸

第28問 紀元前1世紀頃中国に西域からもたらされた宗教は？
① 景教　② 祆教　③ 仏教　④ 道教

第29問 唐代の首都は、基本はどこにあったか？
① 北京　② 開封　③ 長安　④ 安陽

第30問 唐代の詩人でないのは誰？
① 陶潜（陶淵明）　② 李白　③ 杜甫　④ 白居易（白楽天）

第31問	道家の始祖とされる人物は誰？	1回め	2回め
173頁	① 蘇秦　② 老子　③ 呉子　④ 孫子		

第32問	前漢の最盛期はどの皇帝の時か？	1回め	2回め
174頁	① 文帝　② 宣帝　③ 昭帝　④ 武帝		

第33問	科挙の制度はいつの時代に始まったか？	1回め	2回め
183頁	① 春秋戦国時代　② 漢代　③ 隋代　④ 元代		

第34問	中国史上、唯一の女帝である則天武后はどの時代の人物か？	1回め	2回め
180、182頁	① 西周　② 漢　③ 北魏　④ 唐		

Point

かつて中国文明とは黄河流域の文明（黄河文明）と同義に理解されてきたが、中国考古学の目覚ましい発展により、いまや長江下流域の東南部や四川盆地を中心とする西南部、長城地帯の北方など多元的に文明の起源はとらえられている。

夏・殷（商）・周の三代、そして秦・漢は同一線上にあるのではなく、それぞれのルーツを持っている。春秋時代末期の孔子もまた自分たちの世界の多様性を認識していたし、前漢中期の司馬遷も『史記』の中で匈奴や朝鮮、東・南越などに列伝を立て、さまざまな人々の歩みを叙述した。新石器文化以来の文明の展開は秦漢統一国家の成立にひとつ結実するが、魏晋南北朝時代に入り、中国の歴史は再び400年の大きな分裂を経験する。しかしこの時代は漢族と非漢族、胡漢入り交じる新たな胎動が見られた時代である。仏教や道教などが盛んになり、文学・書画も花開き、国際色豊かな隋唐を準備した時期でもある。

3級の受験者は、まず『中国百科』の末尾にある中国歴史年表を見てみよう。古代文明から唐代までの大きな出来事は2ページにまとめられている。歴史を学ぶ時はその大きな流れをつかむことが肝要である。3級では各王朝の建国者やその国・王朝の名、その前後関係（歴史の展開）の理解などが問われる。そのほか、都の位置や孔子・孟子・韓非子のような特に著名な思想家、詩人なども確認しておくとよいだろう。

第1問③ | 第2問② | 第3問③ | 第4問② | 第5問③ | 第6問① | 第7問④ | 第8問④
第9問② | 第10問④ | 第11問② | 第12問③ | 第13問④ | 第14問② | 第15問④
第16問① | 第17問① | 第18問③ | 第19問④ | 第20問③ | 第21問② | 第22問④
第23問② | 第24問③ | 第25問① | 第26問③ | 第27問① | 第28問③ | 第29問③ | 第30問①
第31問② | 第32問④ | 第33問③ | 第34問④

古代文明〜唐代

2級（中国通コース）

第1問 （159頁）
秦の始皇帝などの皇帝が山頂で天帝と対話したとされる山はどれ？
① 黄山　② 泰山　③ 天台山　④ 五台山

第2問 （159頁）
占城米はどこから中国にもたらされたか？
① ベトナム　② インド　③ ロシア　④ 日本

第3問 （160頁）
新石器時代の中国を代表する初期農耕文化である仰韶文化はどの河川流域に広がるか？
① 長江　② 黄河　③ 淮河　④ アムール川

第4問 （161頁）
黒陶と呼ばれる黒色土器で知られる中国山東省の地名から取った新石器文化はどれ？
① 彩陶文化　② 草原文化　③ 龍山文化　④ 紅山文化

第5問 （163頁）
瞳が大きく突出した青銅仮面や立人像の出土で知られる四川省の遺跡は？
① 三星堆遺跡　② 石家河遺跡　③ 河姆渡遺跡　④ 良渚遺跡

第6問 （164頁）
夏王朝の始祖は誰とされている？
① 堯　② 舜　③ 禹　④ 嚳

第7問 （164頁）
夏王朝の都とされる遺跡が発見されたのは現在のどの省？
① 陝西省　② 四川省　③ 河北省　④ 河南省

第8問 （166頁）
殷後期の中心地と見られる遺跡は何？
① 鄭州商城　② 殷墟遺跡　③ 周原遺跡　④ 長安城

第9問 （167頁）
甲骨文字に書かれた内容として正しくないのはどれ？
① 戦争の成否　② 農作物の実り　③ 帝など至上神の信仰　④ 儒家の教え

第10問 （168頁）
渭水流域におこった周はいつごろ殷に代わって華北地方を支配するようになったか？
① 紀元前16世紀　② 紀元前11世紀　③ 紀元前8世紀　④ 紀元前6世紀

第11問
西周期に主に血縁関係にある諸侯を各地に遣わし、王室の藩屏とした地方支配政策は何？

① 郡県制　② 封建制　③ 羈縻政策　④ 都督制

第12問
春秋時代の代表的な諸侯は何と呼ばれたか？

① 春秋の五雄　② 春秋の五覇　③ 春秋の五代　④ 春秋の五胡

第13問
春秋晋を紀元前5世紀半ばに三分割した世族の組み合わせとして正しいものは？

① 韓・魏・趙　② 衛・宋・魯　③ 智・范・郤　④ 楚・呉・越

第14問
全国統一時の秦の都はどこにあったか？

① 邯鄲　② 咸陽　③ 北京　④ 鎬京

第15問
次の思想家と唱えた説との組み合わせで正しいものはどれ？

① 孟子＝性善説　② 荀子＝性善説　③ 孔子＝性悪説　④ 孫子＝性悪説

第16問
儒家と対立し、兼愛や非攻などの考え方で知られる学派を何と言う？

① 道家　② 法家　③ 儒家　④ 墨家

第17問
秦の始皇帝による思想統制で、医学・占い・農業以外の書を焼き、儒者を生き埋めにした政策は何？

① 漢化政策　② 廃仏毀釈　③ 焚書坑儒　④ 批林批孔運動

第18問
漢の武帝による度重なる戦争の出費からの財政立て直しのため行われた政策として正しくないものは？

① 塩鉄専売　② 青苗法　③ 均輸　④ 平準

第19問
紀元25年に漢朝を再建した劉秀は即位して何と呼ばれた？

① 太武帝　② 明帝　③ 光武帝　④ 道武帝

第20問
184年に起こった張角率いる太平道の宗教集団による反乱を何と言う？

① 紅巾の乱　② 赤眉の乱　③ 陳勝・呉広の乱　④ 黄巾の乱

古代文明〜唐代　2級（中国通コース）

第21問（176頁） 後漢の献帝から禅譲を受け皇帝位についた人物は？
① 孫権　② 曹丕　③ 曹操　④ 劉備

第22問（177、180頁） 三国時代の魏から隋初に行われた官吏の任用制度は何？
① 科挙　② 世卿世禄制　③ 郷挙里選　④ 九品中正（官人）法

第23問（179、4頁） 漢の武帝が匈奴討伐のため月氏に派遣した人物は誰？
① 班固　② 張騫　③ 王莽　④ 班超

第24問（180頁） 王族の内紛と異民族の侵入により江南に逃れて晋を復興した人物は誰か？
① 司馬炎　② 司馬睿　③ 司馬懿　④ 司馬光

第25問（180頁） 4〜5世紀に華北に政権をたてた五胡に含まれないのはどれ？
① 氐　② 羌　③ 犬戎　④ 鮮卑

第26問（181頁） 北魏の孝文帝の実施した農民に土地を支給し税収を確保し、生産の回復に力を入れた制度は何か？
① 限田制　② 占田・課田　③ 均田制　④ 井田制

第27問（182頁） 唐の玄宗末期に起こった反乱は何か？
① 黄巣の乱　② 安史の乱　③ 靖康の変　④ 永嘉の乱

第28問（182頁） 隋唐代に北方で覇権をもったトルコ系遊牧民はどれ？
① 突厥　② エフタル　③ 女真　④ ウイグル

第29問（184頁） 中国に仏教を広めた人物で正しくないのは誰？
① 仏図澄　② 鳩摩羅什　③ 法顕　④ 寇謙之

第30問（185頁） 六朝時期、「蘭亭序」などの作品を世に出し、書聖と知られる中国を代表する書家は？
① 顧愷之　② 王羲之　③ 昭明太子　④ 謝霊雲

050

第31問
邪馬台国の卑弥呼が朝貢したのはどの国か？
① 三国時代の魏　② 前漢　③ 隋　④ 北斉

（176頁）

第32問
劉備の建てた蜀の国の都はどこにあったか？
① 建康　② 成都　③ 洛陽　④ 平城

（177頁）

第33問
唐から五代にかけて、辺境防衛のために置かれた軍団の司令官を何と言う？
① 遣唐使　② 都護府　③ 節度使　④ 府兵制

（183頁）

第34問
唐代に確立する漢籍の伝統的な分類に入らないものはどれ？
① 経　② 史　③ 子　④ 曲

（184頁）

Point

1930年代山東省龍山鎮の城子崖遺跡において発掘が進められ、中国では最初のまとまった考古発掘報告書が出版された。その地域から仰韶文化の彩陶とは異なる黒陶が発見された。紀元前5000年頃にあたる新石器時代中期の仰韶文化では、漢中地区において半坡遺跡・姜寨遺跡から環濠集落が見つかっている。同じ頃、長江下流域の河姆渡遺跡からは大量の稲籾が発見された。前3000年頃にあたる新石器時代後期の良渚文化ではさらに稲作が発展する。良渚遺跡群で注目されるのは大量の、そしてさまざまな種類の玉器が出土していることである。神政政治（神権政治）という言葉もあるが、玉器を通じた規範や秩序、ネットワーク構築の方式が「夏」殷周において青銅器に引き継がれた可能性はある。四川盆地において、殷墟の時代と並行する時期に、三星堆という異色の文化が80年代に知られることとなった。地域文化の独自の展開に私たちは目を離せない。

ところで、北京市の北に燕山という山脈があり、その周辺に戦国時代に築かれた長城がある。始皇帝は統一後、匈奴の侵入を防ぐため燕や趙の長城を修築したという。この地域は農牧交錯地帯であり、後の時代、たとえば五胡十六国においても交流と衝突の舞台の1つであった。

2級の受験者は各時代に実施された政策や時代を動かした諸反乱にも目を向ける必要がある。学習に際しては、『中国百科』の各章を通読することをお勧めする。

第1問② | 第2問① | 第3問② | 第4問③ | 第5問① | 第6問③ | 第7問④ | 第8問②
第9問④ | 第10問② | 第11問② | 第12問② | 第13問① | 第14問② | 第15問①
第16問④ | 第17問③ | 第18問② | 第19問③ | 第20問④ | 第21問② | 第22問④
第23問② | 第24問② | 第25問③ | 第26問③ | 第27問② | 第28問① | 第29問④ | 第30問③
第31問① | 第32問② | 第33問③ | 第34問④

古代文明〜唐代

1級（百科老師コース）

第1問 唐代まで農民の衣服は何が主流だったか？
① 絹織物　② 麻織物　③ 綿織物　④ 毛織物

第2問 仰韶文化の代表的な遺跡の組み合わせとして正しいものはどれ？
① 城子崖遺跡・仰韶遺跡　② 半坡遺跡・姜寨遺跡　③ 城子崖遺跡・姜寨遺跡　④ 半坡遺跡・城子崖遺跡

第3問 大量の稲籾や農耕部などとともに水田址も見つかった長江文明を代表する浙江省の遺跡は？
① 三星堆遺跡　② 周口店遺跡　③ 河姆渡遺跡　④ 半坡遺跡

第4問 夏王朝の実在に大きく迫るきっかけとなった1959年に発見された遺跡は？
① 二里岡遺跡　② 周原遺跡　③ 二里頭遺跡　④ 城子崖遺跡

第5問 殷代の社会における主要な集落単位は何？
① 邑　② 都　③ 州　④ 県

第6問 西周期、血縁関係を中心とした氏族集団が大宗と小宗に分かれ、団結を保っていたとされるが、その規範を何と言う？
① 兄弟相続制　② 宗法　③ 部族制　④ 分異の制

第7問 戦国の最初に勢力を最も伸ばしたのはどの国か？
① 魏　② 趙　③ 秦　④ 楚

第8問 「名」（ことば）と「實」（実態）の関係について論じ、「白馬は馬に非ず」などで知られる学派は？
① 陰陽家　② 名家　③ 農家　④ 縦横家

第9問 前漢景帝の時に同姓諸侯勢力の削弱策に反発して起こった反乱を何と言う？
① 陳勝・呉広の乱　② 呉楚七国の乱　③ 巫蠱事件　④ 楚漢戦争

第10問 道教の源流とされ、張角が開いたとされる後漢末の新宗教集団は何？
① 太平道　② 白蓮教　③ 五斗米道　④ 義和団

第11問	後漢を滅亡に追い込んだ原因としてあてはまらないものはどれ？		
175頁	① 自然災害 ② 党錮の禁 ③ 八王の乱 ④ 外戚・宦官の専横		

第12問	魏・呉・蜀の三国鼎立の形勢を決定づけた戦いは何？		
176頁	① 官渡の戦い ② 赤壁の戦い ③ 五丈原の戦い ④ 淝水の戦い		

第13問	西魏・北周で政権を担った胡族・漢族の連合体で、隋唐の主要な支配階層を構成した集団を何と呼ぶか？		
181頁	① 魏周集団 ② 五胡集団 ③ 関隴集団 ④ 燕斉集団		

第14問	隋末の戦乱を治め貞観の治と呼ばれる善政を行なったのは誰？		
182-183頁	① 文帝(楊堅) ② 高祖(李淵) ③ 太宗(李世民) ④ 則天武后		

第15問	6世紀の賈思勰が華北の乾地農法の技術をまとめた書物はどれ？		
184頁	①『文選』 ②『水経注』 ③『仏国記』 ④『斉民要術』		

Point

3世紀から6世紀頃、北半球の寒冷化が指摘されている。遊牧民の華北への侵入、五胡の諸政権の成立は、そのような気候変動から読み解くこともできる。山東の人、賈思勰が6世紀に編纂した『斉民要術』に見る乾地農法も遊牧民との交渉の反映を予想させる。この時期、仏教と道教の活性化と連動して、儒教も新たな展開を見せる。社会の分裂状況と儒・仏・道の併存は、多様な文化を生み出した。隋唐の支配層は西魏・北周以来続く武川鎮軍閥の流れを組み、共に鮮卑系、北族系の者とされる。中国の歴史家、陳寅恪はこれを「関隴集団」と呼んだ。唐の李淵は長安侵攻にあたり突厥の力を借りたため、もともと基盤が弱かった。分裂した国を統一し、まとめていくためには、強力な正当性、普遍性が必要であった。隋大興城、唐長安城は王者の都市としてふさわしいものになるよう、さまざまな伝統思想が盛り込まれた。各種祭祀や儀礼のみならず、法律・官僚機構から、科挙や租庸調のような制度まで独自の思考世界に位置づけられていたとする考えもある。六朝時代以来、江南の発展が見られ、8世紀以降、宋元代にかけて開発も進む。大運河は江南と華北を結びつけた。安史の乱後、唐朝は根本的な行財政の転換に直面し、租庸調・府兵制はそれぞれ両税法・募兵制へと変わっていく。1級の受験者は『中国百科』を活用して細かな内容についても理解を深めておきたい。

第1問② | 第2問② | 第3問③ | 第4問③ | 第5問① | 第6問② | 第7問① | 第8問②
第9問② | 第10問① | 第11問③ | 第12問② | 第13問③ | 第14問③ | 第15問④

宋代～清代 3級（ものしりコース）

第1問 (188頁) 宋朝が目指した政治体制とは？
① 貴族政治　② 武断政治　③ 文治主義　④ 三民主義

第2問 (188頁) 北宋の神宗皇帝の命により改革を行なった宰相は？
① 王安石　② 司馬光　③ 秦檜　④ 張居正

第3問 (188頁) 北宋が都を置いたのは現在のどの都市？
① 西安　② 洛陽　③ 開封　④ 北京

第4問 (189頁) 南宋が都を置いた臨安は現在のどの都市？
① 杭州　② 寧波　③ 泉州　④ 広州

第5問 (189頁) 金が靖康の変で滅ぼした王朝はどれ？
① 北宋　② 西夏　③ 明　④ 元

第6問 (190頁) 北宋を脅かしていた北方民族はどれ？
① 匈奴　② 契丹　③ オイラト　④ モンゴル

第7問 (190頁) 西北辺境から北宋を脅かしていた王朝はどれ？
① 西夏　② 大理　③ 渤海　④ 高麗

第8問 (191頁) 金朝を建国した人物は？
① 李淵　② テムジン　③ 朱全忠　④ 完顔阿骨打

第9問 (191頁) 金朝が作った文字はどれ？
① 契丹文字　② 女真文字　③ パスパ文字　④ トンパ文字

第10問 (192頁) 南宋を滅ぼした王朝はどれ？
① 遼　② 金　③ 元　④ 明

第11問 192頁	フビライが都をおいた大都は現在のどの都市？				1回め 2回め
	① 長春	② 瀋陽	③ 北京	④ 天津	
第12問 192頁	元朝に属国化され元寇への参加を強制された朝鮮半島の王朝は？				1回め 2回め
	① 新羅	② 百済	③ 高麗	④ 朝鮮	
第13問 194頁	日本が明と朝貢関係にあったのはどの時代？				1回め 2回め
	① 平安時代	② 鎌倉時代	③ 室町時代	④ 江戸時代	
第14問 194頁	明の初代皇帝になった貧農出身の人物は？				1回め 2回め
	① 劉邦	② 趙匡胤	③ 朱元璋	④ 李自成	
第15問 194頁	明の永楽帝の命により艦隊を率いて南海諸国に行った人物は？				1回め 2回め
	① 岳飛	② 郭守敬	③ 鄭和	④ 魏忠賢	

Point

宋代から清代の歴史は北方民族南下の歴史とも言われる。まず、北方民族系の各王朝とそれを建てた民族の名前、「契丹（遼）←契丹族。金←女真族。元←モンゴル族。清←満州族（女真族）」、および王朝交替の順番、各王朝の都とその現在の地名、「北宋時代（都：開封）→南宋時代（都：臨安←現在の杭州）→元代（都：大都←現在の北京）→明代（都：最初は南京。後に北京へ遷都）→清代（都：最初は盛京←現在の瀋陽。後に北京へ遷都）」の2点を確認することが大切である。また、北宋時代には契丹が、南宋時代には金が北方にあり、北宋の西北にはタングート族が建てた西夏があること、明代のモンゴル高原は明朝の支配下にはなく、オイラト・モンゴルが割拠していたこと、清代にチベットや新疆・モンゴルなども含む現代中国の領域の原型ができ（←乾隆帝の時代）、台湾も支配下に置かれたことも理解しておきたい。さらに、各王朝の建国者・初代皇帝、「宋→趙匡胤。契丹→耶律阿保機。金→完顔阿骨打。西夏→李元昊。西遼→耶律大石。モンゴル帝国→チンギス＝ハン。元→フビライ＝ハン。明→朱元璋（貧農出身）。アイシン（後金）→ヌルハチ。清→ホンタイジ」も押さえておきたい。また、「羅針盤や火薬の実用化が始まったのは宋代」「マルコ＝ポーロが来たのは元のフビライ＝ハンの時代」等の事項も確認しておきたい。

第1問③ ｜ 第2問① ｜ 第3問③ ｜ 第4問① ｜ 第5問① ｜ 第6問② ｜ 第7問① ｜ 第8問④
第9問② ｜ 第10問③ ｜ 第11問③ ｜ 第12問③ ｜ 第13問③ ｜ 第14問③ ｜ 第15問③

宋代～清代　3級（ものしりコース）

第16問（196頁）
清を建てた満州族の民族名はもともとどれ？
① 契丹族　② 女真族　③ タングート族　④ ウイグル族

第17問（196頁）
清朝が最初に都をおいたのは現在のどの都市？
① 南京　② 瀋陽　③ 洛陽　④ 広州

第18問（196頁）
ヌルハチが作った軍事・行政組織とは？
① 猛安　② 郷勇　③ 緑営　④ 八旗

第19問（197頁）
明滅亡後、武装貿易船団を率い台湾を拠点として抗清活動をした人物は？
① 文天祥　② 徐光啓　③ 呉三桂　④ 鄭成功

第20問（200頁）
現在の新疆にウイグル族が移住してきたのはいつ？
① 5世紀頃　② 9世紀頃　③ 13世紀頃　④ 18世紀頃

第21問（202頁）
宋代に従来の儒教に反発して生まれた儒教とは？
① 訓詁学　② 朱子学　③ 陽明学　④ 考証学

第22問（203頁）
朱子学を批判して「知行合一」の必要性を説いた明代の人物は？
① 王重陽　② 周敦頤　③ 顧炎武　④ 王陽明

第23問（205頁）
明清代に福建等で発達した血族ネットワークとは？
① 宗族　② 回族　③ 公行　④ 義和団

第24問（202頁）
中国で羅針盤や火薬の実用化が始まったのはいつ？
① 宋代　② 元代　③ 明代　④ 清代

第25問（193頁）
マルコ＝ポーロが訪れた時の中国の王朝は？
① 宋　② 遼　③ 金　④ 元

056

第26問	豊臣秀吉軍が朝鮮侵略をした時の中国の王朝は？	1回め	2回め
196頁	① 宋　② 元　③ 明　④ 清		

第27問	道元が禅宗を学びに渡航した時の中国の王朝は？	1回め	2回め
202頁	① 宋　② 金　③ 元　④ 明		

第28問	現代中国の領域の原型が形作られたのはいつ？	1回め	2回め
200頁	① 北宋時代　② 南宋時代　③ 明代　④ 清代		

第29問	辮髪が漢族男性に強制されたのはいつ？	1回め	2回め
198頁	① 北宋時代　② 南宋時代　③ 明代　④ 清代		

第30問	台湾を統治したことがある中国の王朝は？	1回め	2回め
197頁	① 宋　② 金　③ 元　④ 清		

Point

3級では、さらに、各王朝についての初歩的な知識、たとえば、「宋代：五代十国時代の武断政治から文治主義へ転換、科挙を拡充」「北宋中期（神宗皇帝の時代）：財政難を解消するために王安石が新法を実施」「契丹（遼）・金・西夏の各王朝：独自の文字を制定（契丹→契丹文字、金→女真文字、西夏→西夏文字）」「明代（永楽帝の時代）：宦官の鄭和が率いる艦隊が南海諸国に派遣される。日本も含む各国との朝貢貿易が活発化」「明末清初：鄭成功の抗清活動（台湾が拠点）」「清代：八旗（軍事・行政組織）を編成（←ヌルハチが作る）、辮髪（満州族の髪型）を漢人男性に強制」等の事項も押さえておきたい。また、儒教や新疆などの歴史に関する大まかな流れ、たとえば、「宋代：訓詁学への反発が生まれ、朱熹（朱子）が朱子学を確立。明代：王守仁（号は陽明）が朱子学を批判して、陽明学を確立」「新疆：9世紀ごろウイグル族が移住。後にイスラーム化が進む」等の事項、さらに伝統中国社会における動向、「明清時代の福建等→宗族（父系の血族ネットワーク）が発達。等」も確認しておきたい。

また、日本史との関係、「平安時代後期→北宋時代。鎌倉時代→南宋時代・元代。室町時代→明代。江戸時代→清代」とそれに関する重要な出来事、「明代：豊臣秀吉軍の朝鮮侵略。等」も押さえてほしい。

第16問② | 第17問② | 第18問④ | 第19問④ | 第20問② | 第21問② | 第22問④
第23問① | 第24問① | 第25問④ | 第26問③ | 第27問① | 第28問④ | 第29問④ | 第30問④

宋代〜清代 2級（中国通コース）

第1問 (188頁) 宋朝で主に皇帝を支えて政治を行っていた人々は？
① 貴族　② 武人　③ 士大夫　④ 宦官

第2問 (188頁) 王安石を起用し、改革（新法）を進めた宋の皇帝は？
① 太宗　② 神宗　③ 徽宗　④ 高宗

第3問 (189頁) 北宋の都の開封に散在していた瓦子とは？
① 瓦製造所　② 盛り場　③ 宗教施設　④ 私立学校

第4問 (189、368頁) 宋代に雲南を支配下においていた王朝は？
① 吐蕃　② 宋　③ 南詔　④ 大理

第5問 (190頁) 宋朝が澶淵の盟と呼ばれる和議を結んだ王朝は？
① 契丹　② 西夏　③ 金　④ 元

第6問 (190頁) 契丹（遼）が燕雲十六州の農耕民統治に利用した制度は？
① 均田制　② 州県制　③ 猛安謀克　④ 八旗

第7問 (191頁) 中央アジアで西遼（カラ＝キタイ）を建てた人物は？
① 耶律阿保機　② 李元昊　③ 耶律大石　④ 完顔阿骨打

第8問 (192頁) モンゴル帝国のオゴタイ＝ハンが建設した都は？
① タブリーズ　② カラコルム　③ 大都　④ 南京

第9問 (193頁) モンゴル帝国（元）時代に活躍した商人は？
① 山西商人　② 徽州商人　③ ムスリム商人　④ オランダ商人

第10問 (193頁) 元代末期に紅巾の乱を起こした人々が信じていた宗教は？
① 全真教　② 白蓮教　③ イスラム教　④ 禅宗

第11問	明の洪武帝が皇帝権力強化のためにしたことは？	1回め	2回め
194頁	① 色目人の重用　② 科挙の廃止　③ 薙髪令の発布　④ 丞相職の廃止		

第12問	明代に官学として科挙で重視されたものは？	1回め	2回め
194頁	① 訓詁学　② 朱子学　③ 陽明学　④ 考証学		

第13問	鄭和を南海諸国に派遣した明の皇帝は？	1回め	2回め
194頁	① 洪武帝　② 永楽帝　③ 正統帝　④ 万暦帝		

第14問	16世紀中頃に明朝の脅威となった北虜とは？	1回め	2回め
195頁	① モンゴル　② オイラト　③ ジュンガル　④ ハルハ		

第15問	清の雍正帝が皇帝権力強化のためにしたことは？	1回め	2回め
198頁	① 丞相職の設置　② 里甲制の実施　③ 軍機処の設置　④ 市舶司の設置		

Point

3級では王朝交替等に関する基礎知識を確認したが、2級ではさらに宋代以降の各王朝の政治体制の展開、たとえば、「宋代：科挙に殿試（皇帝が自ら行なう試験）を設置。主に士大夫（科挙官僚）が皇帝を支えて政治を行なう体制が確立」「明代（洪武帝の時代）：丞相職を廃止、六部（中央官庁）を皇帝に直属させる」「清代（雍正帝の時代）：軍機処（皇帝直属の諮問機関）を設置、「朋党の禁」を実施」といったように皇帝権力の強化が図られていることなど、また、各王朝の政治体制の特徴、たとえば、「契丹（遼）・金の各王朝：二重統治体制を導入（農耕民は州県制で統治）、科挙も採用。契丹は、北方民族としての本拠地を保ちつつ、中国内地をも支配した最初の王朝である」「元代：科挙を軽視、色目人を重用」「明代初期：科挙を整備（官学には朱子学を採用）、海禁政策を実施」「清代：科挙を実施、モンゴル・チベット・新疆では藩部統治体制（ダライ＝ラマなど現地指導者による自治が認められ、それを清朝の理藩院が監督する体制）を導入」等の事項も押さえておきたい。さらに、各王朝における重要な出来事、たとえば、「宋代：澶淵の盟（契丹と宋の和議）」「元代末期：（白蓮教徒による）紅巾の乱が勃発」「明末清初：北虜南倭（モンゴルと倭寇の脅威）と海禁政策の撤廃」「清代：『四庫全書』等を編纂」等の事項も確認しておきたい。

第1問 ③ | 第2問 ② | 第3問 ② | 第4問 ④ | 第5問 ① | 第6問 ② | 第7問 ③ | 第8問 ②
第9問 ③ | 第10問 ② | 第11問 ④ | 第12問 ② | 第13問 ② | 第14問 ① | 第15問 ③

宋代〜清代 2級（中国通コース）

第16問 清朝が古今の図書を集めた叢書として編纂した書籍は？ (198頁)
① 資治通鑑　② 本草綱目　③ 儒林外史　④ 四庫全書

第17問 新疆が清朝の領域に入った時の皇帝は？ (200頁)
① 康熙帝　② 雍正帝　③ 乾隆帝　④ 嘉慶帝

第18問 清朝が新疆・モンゴル・チベットの行政を監督するために設けたものは？ (200頁)
① 北面官　② クリルタイ　③ 理藩院　④ 太政官

第19問 清朝支配下のチベットを直接統治していたのは？ (201頁)
① 吐蕃王　② 清朝の地方官　③ ベグ　④ ダライ＝ラマ

第20問 14世紀にチベット仏教を改革した学僧は？ (201頁)
① 玄奘　② ツォンカパ　③ 法顕　④ 栄西

第21問 朱子学が重視した四書に含まれないものは？ (202頁)
① 中庸　② 論語　③ 老子　④ 孟子

第22問 明代に世界地図『坤輿万国全図』を作成したイエズス会の宣教師は？ (203頁)
① モンテ＝コルヴィノ　② マテオ＝リッチ　③ カスティリオーネ　④ ブーヴェ

第23問 明朝が「健訟」対策のために設けたものは？ (204頁)
① 訟師　② 宗祠　③ 里老人　④ 郷勇

第24問 明清時代に民間で人気があった裁判説話は？ (205頁)
① 金瓶梅　② 訟師秘本　③ 包公案　④ 国性爺合戦

第25問 科挙で殿試が初めて設けられたのはいつ？ (188頁)
① 宋代　② 元代　③ 明代　④ 清代

第26問	日本が宋と貿易をしていた時代は？		1回め	2回め
316、389頁	① 奈良時代　② 鎌倉時代　③ 江戸時代　④ 明治時代			

第27問	海禁政策がとられていた時期は？		1回め	2回め
194頁	① 北宋中期　② 南宋中期　③ 元代前期　④ 明代前期			

第28問	ベトナムの阮朝と朝貢関係にあった中国の王朝は？		1回め	2回め
198頁	① 宋　② 元　③ 明　④ 清			

第29問	北方民族としての本拠地を保ちつつ、中国内地をも支配した最初の王朝は？		1回め	2回め
190頁	① 北魏　② 契丹（遼）　③ 金　④ 元			

第30問	外来のトウモロコシの商品作物としての栽培が本格化したのはいつ？		1回め	2回め
199頁	① 宋代　② 元代　③ 明代　④ 清代			

Point 唐代後半期から宋代の間には、「唐宋変革」と言われる政治・社会・経済の面における大きな変動があり、その後伝統中国社会の基礎が形作られ、明清時代に伝統中国社会が完成したとされている。2級ではそうした伝統中国社会における出来事・諸事象、たとえば、「宋代：経済・産業が発達、都の開封には瓦子（盛り場）が散在、「健訟」（訴訟好きの社会風潮）が出現」「元代：ムスリム商人が活躍」「明代初期：農村再建のために里甲制を実施、「健訟」対策のために里老人制（里の人々の中から、人望がある年長者を選んで里老人とし、民事的な紛争の処理や教化にあたらせる制度）を施行」「明代後期：国際的商業活動が活発化、山西商人・徽州商人が活躍、都市が発展、農村が荒廃→里甲制・里老人制が崩壊」「清代→トウモロコシの商品作物としての栽培が本格化」等の事項も確認しておきたい。また、思想などの展開に関するより詳しい知識、「朱子学では「四書」を重視。等」も押さえておきたい。なお、日本との関連（中国王朝との朝貢関係の有無、等）だけではなく、朝鮮半島やベトナムの歴史との関連、「宋元時代→高麗（元代には属国化）。明清時代→朝鮮」「元代→陳朝（元軍を撃退）。明代→黎朝。清代→阮朝」、および雲南の歴史（宋代には大理王朝が存在。元代以降は中国王朝の統治下に入る）などについても押さえてほしい。

第16問④｜第17問③｜第18問③｜第19問④｜第20問②｜第21問③｜第22問②
第23問③｜第24問①｜第25問①｜第26問②｜第27問④｜第28問④｜第29問②｜第30問④

宋代～清代

1級（百科老師コース）

第1問（188頁）
宋代に科挙に多く進出していた人々は？
① 貴族　② 佃戸　③ 色目人　④ 形勢戸

第2問（189頁）
張拓端の「清明上河図」に描かれた宋の都市は？
① 開封　② 臨安　③ 泉州　④ 明州

第3問（192頁）
元軍を撃退したベトナムの王朝は？
① 李朝　② 陳朝　③ 黎朝　④ 阮朝

第4問（195頁）
明末清初に日本や新大陸から大量に流入したものは？
① 生糸　② 茶　③ 銀　④ 陶磁器

第5問（195頁）
明末以降、中国各地に作られた会館・公所とは？
① 貿易管理官庁　② モスク　③ キリスト教の教会　④ 商人の活動拠点

第6問（201頁）
モンゴルにチベット仏教が広まるきっかけを作った人物は？
① パスパ　② エセン　③ ツォンカパ　④ アルタン＝ハン

第7問（202頁）
朱子学が初めて公認された時の皇帝は？
① 北宋の太宗　② 南宋の理宗　③ 明の洪武帝　④ 清の康熙帝

第8問（202頁）
宋の司馬光が編纂した『資治通鑑』とは？
① 紀伝体の歴史書　② 編年体の歴史書　③ 仏教の経典　④ 道教の経典

第9問（202頁）
金代に王重陽が創始した宗教とは？
① 浄土宗　② 禅宗　③ 白蓮教　④ 全真教

第10問（203頁）
キリスト教信者で『農政全書』を書いた官僚は？
① 張居正　② 徐光啓　③ 李時珍　④ 黄宗羲

第11問 204頁	明代初期に「健訟」対策のために民事的な紛争の処理を政府から任された者は？				1回め 2回め
	① 訟師	② 胥吏	③ 郷紳	④ 里老人	

第12問 205頁	江戸時代の裁判説話に大きな影響を与えた書物は？				1回め 2回め
	① 棠陰比事	② 西廂記	③ 国性爺合戦	④ 紅楼夢	

第13問 189頁	交子・会子という紙幣が流通していた時代は？				1回め 2回め
	① 唐代	② 宋代	③ 明代	④ 清代	

第14問 195頁	穀倉地帯が長江下流域から湖広へ移ったのはいつ？				1回め 2回め
	① 北宋前期	② 南宋前期	③ 明代前期	④ 明代後期	

第15問 205頁	伝統中国社会の家族での財産相続の仕方は？				1回め 2回め
	① 長男相続	② 長女相続	③ 均分相続	④ 末子相続	

Point 2級では各王朝の政治体制等に関する知識について確認したが、1級ではさらに歴史的展開の因果関係・背景に関連する事項、たとえば、「唐宋変革期：貴族層が没落、形勢戸（新興地主層）が出現、経済や都市が発展」「宋代：形勢戸が科挙に進出、貨幣経済が発達して銅銭や交子・会子が流通」「明代後期：日本や新大陸から銀が流入、長江下流域で生産された生糸・綿織物を輸出、穀倉地帯が湖広（現在の湖北・湖南）へ。山西商人・徽州商人が会館・公所を各地に作って活動を活発化」等の事項を確認しておくことが大切である。

また、歴史的展開とも関連する重要な書物に関する知識、「司馬光の『資治通鑑』（編年体の歴史書）。徐光啓の『農政全書』（農業に関する総合書）。桂万栄の『棠陰比事』（裁判実話集）←江戸時代の裁判説話に大きな影響あり」等も押さえておきたい。さらに、思想・宗教面での詳しい展開、「朱子学：南宋・理宗皇帝の時代に公認→元・明代の科挙で採用。チベット仏教：ツォンカパの改革→ゲルク派が発展→アルタン＝ハンが信奉→モンゴルにも広まる」等や伝統中国社会での家族のあり方（特に日本と違う点）、「日本で言う「家業」の観念と一体化した「イエ（家）」という概念が不存在、財産は均分相続（主に男子）。宗族では輩行（世代）を重視。等」についても押さえてほしい。

第1問 ④ ｜ 第2問 ① ｜ 第3問 ② ｜ 第4問 ③ ｜ 第5問 ④ ｜ 第6問 ④ ｜ 第7問 ② ｜ 第8問 ②
第9問 ④ ｜ 第10問 ② ｜ 第11問 ④ ｜ 第12問 ① ｜ 第13問 ② ｜ 第14問 ④ ｜ 第15問 ③

近現代史 3級（ものしりコース）

第1問 アヘン戦争の講和条約は？
① 北京条約　② 天津条約　③ 望厦条約　④ 南京条約

第2問 アヘン戦争で開港された対外貿易港は？
① 天津　② 大連　③ 上海　④ 漢口

第3問 太平天国の乱の時の中国の王朝は？
① 明　② 宋　③ 漢　④ 清

第4問 太平天国の首都に定められたのはどこ？
① 南京　② 昆明　③ 北京　④ 広州

第5問 「洋務」政策を推進した漢人の高級官僚とは誰か？
① 李鴻章　② 林則徐　③ 光緒帝　④ 西太后

第6問 日清戦争の結果、日本が手に入れたのはどこ？
① 香港　② 韓国　③ サハリン　④ 台湾

第7問 日清戦争の講和条約が結ばれたのはどこ？
① 広島　② 北京　③ 下関　④ 上海

第8問 義和団と戦った八カ国連合軍に含まれない国はどこ？
① 日本　② ロシア　③ アメリカ　④ 韓国

第9問 辛亥革命はいつ起こったか？
① 5月4日　② 10月1日　③ 10月10日　④ 12月12日

第10問 辛亥革命時の革命派の指導者で、臨時大総統に就任したのは誰か？
① 孫文　② 曾国藩　③ 梁啓超　④ 袁世凱

第11問	中華民国はいつ成立したか？		1回め	2回め
219頁	① 1898年	② 1912年	③ 1919年	④ 1932年

第12問	中華民国の初代の正式大総統が決めた首都とは？		1回め	2回め
220頁	① 重慶	② 西安	③ 洛陽	④ 北京

第13問	孫文が1919年に作った政党とは？		1回め	2回め
222頁	① 中国同盟会	② 中華革命党	③ 中国国民党	④ 中国民主建国会

第14問	李大釗や魯迅が留学したのはどこか？		1回め	2回め
220頁	① アメリカ	② フランス	③ イギリス	④ 日本

第15問	1926年に北伐軍(国民革命軍)が進軍を始めたのは？		1回め	2回め
224頁	① 北京	② 南京	③ 杭州	④ 広州

Point

中国史のイメージを豊かにするためには、各都市の歴史についての知識を整理することも有益である。たとえば南京は、明朝成立時など前近代に何度か首都となり、風光明媚な文化都市としても名高いが、アヘン戦争の終結条約が結ばれた場所として近代史上に登場する。その後、太平天国の首都とされ天京と呼ばれた。また辛亥革命の結果、最初に臨時政府が置かれたのも、蔣介石が国民政府を設置したのも南京である。1937年に日本軍が残虐な行為を行なったのは、この町が首都であったことにも関わっている。国民政府は日中戦争中、重慶に移るが、戦争勝利後、南京に帰還した。

北京は袁世凱が中華民国の首都とした街で、1919年の五四運動は北京から始まり、全国へと拡大した。ちなみに五四運動は、山東半島のドイツ権益が、第1次世界大戦の結果、日本に譲り渡されることを危惧した北京の学生が始めた。その後、北京は蔣介石により、1928年に北平と改名された。日中戦争中は日本の占領下に置かれたが、中華人民共和国では改めて首都とされ、今日に至っている。周知のように上海は近現代中国における最大の経済都市であるが、やがて魯迅の活動の主たる舞台になるように、新文化運動の拠点の1つでもあった。また1925年の「五三〇運動」、1927年の上海労働者の大規模な闘争など、革命都市としての側面も持っている。

第1問④｜第2問③｜第3問④｜第4問①｜第5問①｜第6問④｜第7問③｜第8問④
第9問③｜第10問①｜第11問②｜第12問④｜第13問③｜第14問④｜第15問④

近現代史

3級（ものしりコース）

第16問
1927年に共産党を弾圧した国民党の指導者は誰？
① 聞一多　② 李公樸　③ 蔣介石　④ 鄧小平

第17問
1932年の満州国樹立に重要な役割を果たした軍とは？
① 関東軍　② 八カ国連合軍　③ 新軍　④ 八路軍

第18問
日中戦争開始のきっかけとなった1937年の事件とは？
① 柳条湖事件　② 第一次上海事変　③ 盧溝橋事件　④ ノモンハン事件

第19問
日中全面戦争開始時の中国の首都とは？
① 新京　② 北京　③ 南京　④ 昆明

第20問
共産党に敗れた国民党はどこへ逃れ政府を存続したか？
① 香港　② シンガポール　③ インド　④ 台湾

第21問
中華人民共和国が成立したのはいつか？
① 1月1日　② 2月11日　③ 7月8日　④ 10月1日

第22問
台湾が日本の植民地だった期間は？
① 13年　② 35年　③ 50年　④ 80年

第23問
朝鮮戦争に抗米援朝のための志願軍（義勇軍）を派遣したのは？
① 日本　② 中国　③ ソ連　④ インド

第24問
1955年以降の農業集団化の要因となったできごとではないものは？
① 小規模な農家の創出　② 改革後の階層化　③ 過剰な食料買い上げ　④ 共同食堂での食料浪費

第25問
1957年に共産党に対する批判勢力を消滅させたのは？
① 反革命鎮圧　② 反右派闘争　③ 三反五反運動　④ 四人組逮捕

第26問	大躍進政策で中国が15年で追い越すとしたのはどこ？		
236頁	① 日本　② アメリカ　③ イギリス　④ インド		

第27問	廬山会議で批判されたのは誰？		
237頁	① 彭徳懐　② 陳独秀　③ 毛沢東　④ 梁啓超		

第28問	文化大革命で過激な行動をとったのは？		
238頁	① 新四軍　② 憲兵　③ 八路軍　④ 紅衛兵		

第29問	共産党の第9回大会で毛沢東の後継者とされたのは？		
239頁	① 周恩来　② 林彪　③ 張春橋　④ 江青		

第30問	ニクソンの訪中はいつか？		
239頁	① 1966　② 1969　③ 1972　④ 1976		

Point

歴史は年号の暗記科目ではなく、それは必要な時に年表で確認すれば良い。しかし、たとえば中華民国の成立が大正元年（1912年）であることを知っていれば、当時、民主化の機運が日本だけ（「大正デモクラシー」）でなく、中国でも高まったことを理解できるだろう。日中両国、さらにはアジアの同時代史を理解することも、歴史を学ぶ醍醐味の1つである。また中華人民共和国の成立は、日本の敗戦から4年後、朝鮮戦争の開戦の前年であることも注目してほしい。1950年前後の日本人にとって、アジア情勢の激変が持った意味を想像することは、現在の日本を理解する上でも重要である。すなわち朝鮮戦争のさなかに主権を回復した日本は、戦争の「特需」もあり経済復興を遂げ、反ソ反共を掲げる米国の同盟国として、長く中国敵視政策を続けたのである。他方、朝鮮戦争に義勇軍を派遣し、米国により核兵器の使用さえ示唆された中国共産党にとって、この戦争は米国への危機感を深めさせ、資本主義経済の意義を認める1940年代の「新民主主義革命論」から、社会主義改造へと政策転換を行なう上で、大きな意味を持った。さらに年号について言えば、台湾を日本が50年間にわたり植民地としたことを、満州国の存在が13年間、朝鮮半島の支配が35年であったことと比較すれば、その長さが理解できるであろう。年号を知れば、こうした時間の感覚を持つことができる。

第16問③ | 第17問① | 第18問③ | 第19問③ | 第20問④ | 第21問④ | 第22問③
第23問② | 第24問④ | 第25問② | 第26問③ | 第27問① | 第28問④ | 第29問② | 第30問③

近現代史

2級（中国通コース）

第1問 アヘン戦争で中国が失ったものではないのはどれ？
① 香港島　② 九龍半島　③ 関税自主権　④ 領事裁判権

第2問 第2次アヘン戦争の際に破壊された清朝の離宮とは？
① 円明園　② 頤和園　③ 拙政園　④ 鎮国寺

第3問 太平天国の忠王とは誰か？
① ヤークーブ・ベグ　② 曾国藩　③ 周恩来　④ 李秀成

第4問 太平天国の乱を鎮圧した李鴻章が設立した軍隊とは？
① 淮軍　② 捻軍　③ 湘軍　④ 八旗

第5問 「洋務」をかかげる政策が開始される直接の要因は何か？
① 義和団戦争　② 太平天国の乱　③ 黄巣の乱　④ 日清戦争

第6問 1871年の日中間の出来事とは？
① 琉球処分の強行　② 朝鮮の完全な独立の承認　③ 江華島事件の発生　④ 日清修好条規の締結

第7問 1894年の日本の朝鮮への出兵の機会となった事件とは？
① 戊戌変法　② 壬午軍乱　③ 甲午農民戦争　④ 甲申政変

第8問 義和団事件の講和条約は何と言われたか？
① 天津条約　② 北京条約　③ 北京議定書　④ ポーツマス条約

第9問 辛亥革命前夜の最も重要な鉄道国有化反対はどこで発生したか？
① 江蘇省　② 河北省　③ 江西省　④ 四川省

第10問 清末の立憲派の主たる支持基盤となったのは？
① 秘密結社　② 郷紳　③ 客家　④ 同盟会

第11問
対華21箇条が出されたのはいつか？

① 第1次世界大戦前　② 第1次世界大戦中　③ 第1次世界大戦後　④ 第2次世界大戦後

第12問
パリ講和条約調印反対を掲げた運動とは何か？

① 戊戌の変法　② 三一運動　③ 五四運動　④ 五三〇運動

第13問
中国共産党の成立に影響を与えた国際的な組織とは？

① コミンテルン　② コミンフォルム　③ ILO　④ WHO

第14問
1924年に第1次国共合作が成立した都市は？

① 大連　② 上海　③ 杭州　④ 広州

第15問
蔣介石が1927年に上海でクーデターを行なった時の国民政府の所在地は？

① 広州　② 武漢　③ 上海　④ 北京

Point

個々の事象の相互関係について理解することが、歴史を理解する上できわめて重要である。たとえば日清戦争（1894～95年）は李氏朝鮮をめぐる日中両国の対立に起因していたが、日本に敗北したことが先進的な中国のエリートの「天下」意識を揺るがし、1860年代から始められた中国最初の西洋化政策（「洋務」政策）の不十分さを実感させた、と言われる。また「洋務」政策は太平天国の乱の鎮圧など、国内の治安維持を重要な課題としていた。「洋務」政策の遂行者の李鴻章は、太平天国の鎮圧者だった。日清戦争後は「洋務」政策に代わり、日本をモデルとする立憲改革が目指された。立憲派のリーダーは梁啓超で、地方エリート（「郷紳」）が立憲派の基盤となった。また義和団戦争の敗北は、清朝内部における保守派の力を弱め、代わって袁世凱ら立憲改革を容認する政治家の影響力を強めた。こうして20世紀はじめには、孫文の中国同盟会を含め立憲主義的な変革の必要性を、多くのエリートがともに認めた。辛亥革命はこうした政治環境の中で起こったのである。また日中戦争（1937～45年）は「総力戦」と言われるきわめて困難な戦争で、汪精衛ら国民党の一部に日本との妥協を選択させたが、他方で戦争遂行のために国民諸層の力を結集する必要を国民政府に感じさせ、中国に一定の民主化をうながした。こうして中国民主同盟などの小党派が成立してゆく。

第1問 ② ｜ 第2問 ① ｜ 第3問 ④ ｜ 第4問 ① ｜ 第5問 ② ｜ 第6問 ④ ｜ 第7問 ③ ｜ 第8問 ③
第9問 ④ ｜ 第10問 ② ｜ 第11問 ② ｜ 第12問 ③ ｜ 第13問 ① ｜ 第14問 ④ ｜ 第15問 ②

近現代史 2級（中国通コース）

第16問
中国共産党員になったことがないのは誰？
① 陳独秀　② 胡適　③ 李大釗　④ 周恩来

第17問
日中不戦を説く「統一化論争」参加者でないのは誰？
① 中西功　② 尾崎秀実　③ 矢内原忠雄　④ 田中角栄

第18問
日中全面戦争が始まったのはいつか？
① 1928年　② 1931年　③ 1937年　④ 1945年

第19問
南京に日本と連携する国民政府（対日協力政府）を設立したのは誰か？
① 宋慶齢　② 汪精衛　③ 宋美齢　④ 孫文

第20問
1944年に成立した民主党派とは？
① 中国民主同盟　② 民主建国会　③ 青年党　④ 国家社会党

第21問
朝鮮戦争の開戦時の説明として正しいのは？
① 朝鮮民主主義人民共和国の南への侵攻　② アメリカの北に対する空爆　③ 大韓民国の北への侵攻　④ ソ連の南への空爆

第22問
「過渡期の総路線」が正式に提起されたのはいつか？
① 1943年　② 1953年　③ 1963年　④ 1973年

第23問
朝鮮戦争で国連軍が上陸作戦を敢行した都市は？
① 釜山　② 光州　③ ソウル　④ 仁川

第24問
朝鮮戦争の休戦の年は？
① 1950年　② 1953年　③ 1965年　④ 1972年

第25問
右派分子として厳しく批判された人物ではないのは誰？
① 儲安平　② 章伯鈞　③ 羅隆基　④ 林彪

第26問	調整政策はどの政策の失敗を立て直す政策？	1回め	2回め

237頁
① 改革開放　② 大躍進　③ 反右派　④ 思想改造

第27問	「大躍進」の失敗による餓死者の規模は？	1回め	2回め

237頁
① 30万人　② 300万人　③ 3000万人　④ 3億人

第28問	プロレタリア文化大革命発動の背景でないものはどれか？	1回め	2回め

238頁
① ベトナム戦争　② ソ連への危機感　③ 調整政策　④ 中共第9回大会

第29問	プロレタリア文化大革命の直接の口火を切ったのは？	1回め	2回め

238頁
①「阿Q正伝」批判　② 胡適批判　③「海瑞罷官」批判　④ 胡風批判

第30問	中国のフルシチョフと呼ばれたのは誰か？	1回め	2回め

238頁
① 毛沢東　② 周恩来　③ 劉少奇　④ 陳伯達

Point

世界史の展開の中で、中国史を理解することも重要である。たとえば第1次世界大戦に中国は参戦し戦勝国となるが、そのさなかに日本から対華二十一箇条要求を突きつけられ、人々はそれを「国恥」として愛国心を高めていった。またパリ講和会議は、敗戦国ドイツの山東権益を戦勝国である中国へ直接返還すべきであるとする中国の要求を認めなかった。こうした事態への抗議として「五四運動」が発生したが、先進資本主義国が中国の民族自決権を認めなかったことも、中国におけるマルクス・レーニン主義の伝播を後押しした。とはいえ共産党の成立については、ソ連・コミンテルン（第3インターナショナル）の果たした役割も軽視できない。さらに中国が共和国成立当初の資本主義の存続を認める方針（「新民主主義革命論」）から社会主義改造へ舵を切る（「過渡期の総路線」）上で、朝鮮戦争が大きな意味を持ったことも重要である。中国の国内政治の変化の国際的要因についても理解したい。また米国はベトナムの「解放」勢力のテト攻勢に苦しみ、「名誉ある撤退」を目指して、それまでの中国敵視政策を変更し中国との関係改善に踏み切る。これが日本政府を驚かせたニクソン訪中であるが、こうした米国の動きに中国が応えていくのは、米国と連携することで国際的には中ソ対立の激化に備え、国内的にはプロレタリア文化大革命の混乱から脱却するためであった。

第16問② | 第17問④ | 第18問③ | 第19問② | 第20問① | 第21問① | 第22問②
第23問④ | 第24問② | 第25問④ | 第26問② | 第27問③ | 第28問④ | 第29問③ | 第30問③

近現代史

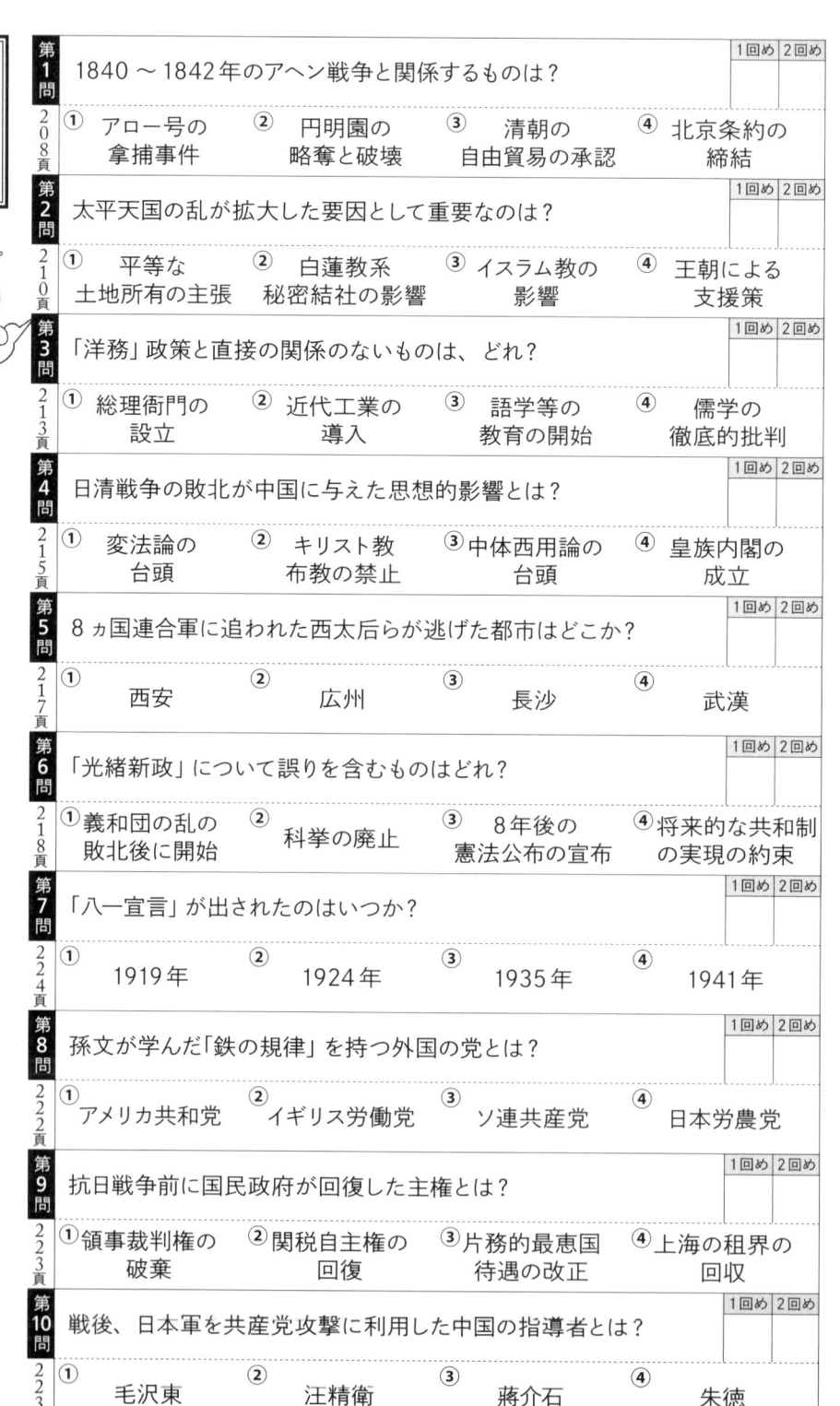

1級（百科老師コース）

第1問（208頁）
1840〜1842年のアヘン戦争と関係するものは？
① アロー号の拿捕事件
② 円明園の略奪と破壊
③ 清朝の自由貿易の承認
④ 北京条約の締結

第2問（210頁）
太平天国の乱が拡大した要因として重要なのは？
① 平等な土地所有の主張
② 白蓮教系秘密結社の影響
③ イスラム教の影響
④ 王朝による支援策

第3問（213頁）
「洋務」政策と直接の関係のないものは、どれ？
① 総理衙門の設立
② 近代工業の導入
③ 語学等の教育の開始
④ 儒学の徹底的批判

第4問（215頁）
日清戦争の敗北が中国に与えた思想的影響とは？
① 変法論の台頭
② キリスト教布教の禁止
③ 中体西用論の台頭
④ 皇族内閣の成立

第5問（217頁）
8ヵ国連合軍に追われた西太后らが逃げた都市はどこか？
① 西安
② 広州
③ 長沙
④ 武漢

第6問（218頁）
「光緒新政」について誤りを含むものはどれ？
① 義和団の乱の敗北後に開始
② 科挙の廃止
③ 8年後の憲法公布の宣布
④ 将来的な共和制の実現の約束

第7問（224頁）
「八一宣言」が出されたのはいつか？
① 1919年
② 1924年
③ 1935年
④ 1941年

第8問（222頁）
孫文が学んだ「鉄の規律」を持つ外国の党とは？
① アメリカ共和党
② イギリス労働党
③ ソ連共産党
④ 日本労農党

第9問（223頁）
抗日戦争前に国民政府が回復した主権とは？
① 領事裁判権の破棄
② 関税自主権の回復
③ 片務的最恵国待遇の改正
④ 上海の租界の回収

第10問（223頁）
戦後、日本軍を共産党攻撃に利用した中国の指導者とは？
① 毛沢東
② 汪精衛
③ 蒋介石
④ 朱徳

| 第11問 | 中華人民共和国に関する説明として正しくないものは？ | 1回め | 2回め |

228頁
① 共産党だけでなく民主同盟なども重要な役割を果たした　② 当初は資本主義経済の存続も認められていた　③ 1950年半ばに社会主義改造はほぼ完成した　④ 1960年代にもソ連と一枚岩の関係にあった

| 第12問 | 朝鮮戦争の時期に実行された政策ではないのはどれか？ | 1回め | 2回め |

232、233頁
① 抗米援朝　② 反革命鎮圧　③ 三反五反　④ 人民公社の組織

| 第13問 | 百花斉放・百家争鳴に先立ち批判された文学者とは？ | 1回め | 2回め |

234頁
① 魯迅　② 郭沫若　③ 老舎　④ 胡風

| 第14問 | 人民公社の説明として誤りを含むものはどれ？ | 1回め | 2回め |

236頁
① 規模は数千戸である　② 個人の財産が徴発された　③ 民兵組織を有した　④ 行政と区分された

| 第15問 | 台湾の国民党が総統の普通選挙に踏み切ったのはいつか？ | 1回め | 2回め |

222頁
① 1987年　② 1996年　③ 2000年　④ 2008年

Point

歴史学とは「なぜ」「何」にこだわる学問だと言われるが、個々の歴史事象の発生の要因とその出来事の意味を理解することは、現代社会を理解する上でも重要である。たとえばアヘン戦争は、イギリスが自国の資本主義を発展させるために、制限貿易をしていた中国に自由貿易を受け入れさせようとして引き起こしたものである。アヘンの密輸とそれに対する林則徐の断固とした拒絶に伴う両国の衝突は、英国にとって開戦の「口実」にしか過ぎない。またアヘン戦争の結果、中国は関税（輸入税）決定の自主権を奪われるが、それは自国の産業を関税によって守ることができなくなったことを意味しており、その後の中国の工業化にとってきわめて不利な条件となった。国民政府がこの権利を回復したことは、その後の経済発展を導いた。また歴史の光と影の両面を直視する必要がある。中国にとっての日本は、侵略者としての面だけでなく、多くの青年たちが留学した、あこがれの土地でもあった。事実、李大釗ら中国共産党の初期指導者の多くが、日本留学生であった。また国民党左派の指導者で、やがて南京で対日協力政府を作る汪精衛も、日本の法政大学で学んだことがあった。中国では侮蔑的に「漢奸」と呼ばれる人々や、かつては政治主義的に反共の面だけが強調されてきた台湾や香港の歴史についても、私たちは関心を深めたい。

第1問③｜第2問①｜第3問④｜第4問①｜第5問①｜第6問④｜第7問③｜第8問③
第9問②｜第10問③｜第11問④｜第12問④｜第13問④｜第14問④｜第15問②

歴代政権興亡年表

初期王朝（夏）	BC 2000 年前後～BC 1500 年頃
殷（商）	BC 1500 年頃～BC 11 世紀頃
西周	BC 11 世紀頃～BC 771 年
春秋時代	BC 770 年～BC 453 年
戦国時代	BC 453 年～BC 221 年
秦	BC 221 年に天下統一～BC 206 年
前漢	BC 202 年～9 年
新	9 年～25 年
後漢	25 年～220 年
魏	220 年～265 年
呉	222 年～280 年
蜀	221 年～263 年
西晋	265 年～316 年
東晋	317 年～420 年
南北朝時代	439 年～589 年
隋	589 年南北統一～618 年
唐	618 年～690 年、705 年～907 年
周（則天武后）	690 年～705 年
五代十国時代	907 年～960 年
遼	916 年～1125 年
北宋	960 年～1127 年
金	1115 年～1234 年
南宋	1127 年～1279 年
モンゴル帝国（元）	1206 年～1368 年
明	1368 年～1644 年
清	1616 年後金建国、1644 年北京に進出～1912 年
中華民国	1911 年～1949 年台湾亡命～
中華人民共和国	1949 年～

第4部 文化・芸術 風俗習慣

- 言語・文学
- 映画
- 食文化
- 文化・スポーツ・風俗習慣

言語・文学

3級（ものしりコース）

第1問
"普通话"とは？

① 中華人民共和国の民族共通語　② 日常用語　③ 平易な会話文　④ 世界の華人の共通語

第2問
香港でよく用いられる方言は？

① 広東方言　② 呉方言　③ 北方方言　④ 閩南方言

第3問
漢字の起源とされる甲骨文字はどの時代のもの？

① 夏　② 殷　③ 周　④ 漢

第4問
魯迅が仙台時代を回想して書いた作品は？

① 『故郷』　② 『阿Q正伝』　③ 『蜜柑』　④ 『藤野先生』

第5問
中華人民共和国で文学の指針とされた「文芸講話」は誰の講演？

① 毛沢東　② 周恩来　③ 魯迅　④ 胡適

第6問
『紅い高粱』で有名なノーベル文学賞受賞作家は？

① 巴金　② 老舎　③ 張芸謀　④ 莫言

第7問
日本で平安時代の歌人たちに愛された唐代の詩人は？

① 白楽天　② 項羽　③ 司馬遷　④ 蘇東坡

第8問
文学の最初の書物は？

① 『易経』　② 『十八史略』　③ 『詩経』　④ 『資治通鑑』

第9問
東晋から南北朝時代の人で、自然や農村生活を詠った詩人は？

① 孔子　② 陶淵明　③ 屈原　④ 韓愈

第10問
李白とならび称される唐代の詩人は？

① 杜甫　② 李清照　③ 王維　④ 孟子

第11問	玄宗皇帝と楊貴妃の悲劇を詠った詩は？	1回め	2回め
279頁	①「詠史詩」　②「長恨歌」　③「春望」　④「長生殿」		

第12問	関羽や張飛、諸葛亮が活躍する明代の小説は？	1回め	2回め
288頁	①『楚辞』　②『聊斎志異』　③『三国志演義』　④『史記』		

第13問	梁山泊をアジトとした108人の豪傑の物語は？	1回め	2回め
288頁	①『拍案驚奇』　②『金瓶梅』　③『水滸伝』　④『儒林外史』		

第14問	玄奘三蔵が登場する明代の小説は？	1回め	2回め
289頁	①『金瓶梅』　②『琵琶記』　③『封神演義』　④『西遊記』		

第15問	賈宝玉や林黛玉が登場する清代の小説は？	1回め	2回め
289頁	①『傾城の恋』　②『紅楼夢』　③『覇王別姫』　④『漢宮秋』		

Point 　言語の分野では、中華人民共和国の共通語（標準語）である"普通話"について確認しておこう。中国語とは漢族の言語である"汉语"（漢語）を指すが、"汉语"にも広東方言（広東省や香港で使用）、呉方言（上海や蘇州一帯で使用）、閩南方言（福建省や台湾で使用）など多種の方言があること、"普通話"は北方方言を基礎としていることなどを押さえておきたい。文学の分野では、日本でも知名度の高い作家や作品、作品中の登場人物について、確かな知識を得ることが重要である。現代文学では、仙台で医学を学び、後に文学を志した魯迅や、中国籍の作家で初めてノーベル文学賞を受賞した莫言の作品についての知識が必須である。また、「文学は労働者・農民・兵士に服務する」という政治的基準で評価した毛沢東の『文芸講話』が中華人民共和国の文芸政策の要になったことも知っておきたい。古典文学では、日本の平安朝の文学に大きな影響を与えた白居易（白楽天）や、今も多くの人々に愛唱されている陶淵明、李白、杜甫などの詩歌、そして、さまざまに脚色され受容されてきた明代の小説『三国志演義』、『水滸伝』、『西遊記』、『金瓶梅』、清代の『紅楼夢』について、その作品が成立した大まかな時代背景とともに記憶しておこう。なお、文学は作品に触れてこそ意味がある。作家や作品の名を覚えるだけでは味気ない。著名な作品には翻訳があるので、ぜひともご一読頂きたい。

文化・芸術・風俗習慣

第1問① | 第2問① | 第3問② | 第4問④ | 第5問① | 第6問④ | 第7問① | 第8問③
第9問② | 第10問① | 第11問② | 第12問③ | 第13問③ | 第14問④ | 第15問②

言語・文学

2級（中国通コース）

第1問 中国語はどのタイプの言語？
① 膠着語　② 孤立語　③ 屈折語　④ 派生語

第2問 中国で方言の多さを表す「南腔北○」の○に入る語は？
① 調　② 腹　③ 語　④ 悟

第3問 中国の漢字の音の表示法を何という？
① ルビ　② ピンイン　③ 平仄　④ 双声

第4問 現在活躍中の中国ライトノベル作家は？
① 周作人　② 茅盾　③ 王蒙　④ 郭敬明

第5問 1950年代、文芸思想の統制を批判して「反革命罪」で投獄された人は？
① 胡風　② 胡適　③ 莫言　④ 残雪

第6問 中国を出て移住し、ノーベル文学賞を受賞した作家は？
① 高行健　② 阿城　③ 陳独秀　④ 張愛玲

第7問 人民芸術家と称され北京を活写した作家は？
① 茅盾　② 巴金　③ 老舎　④ 丁玲

第8問 中国現代演劇は中国語で何と言いますか？
① 新劇　② 話劇　③ 演劇　④ 洋劇

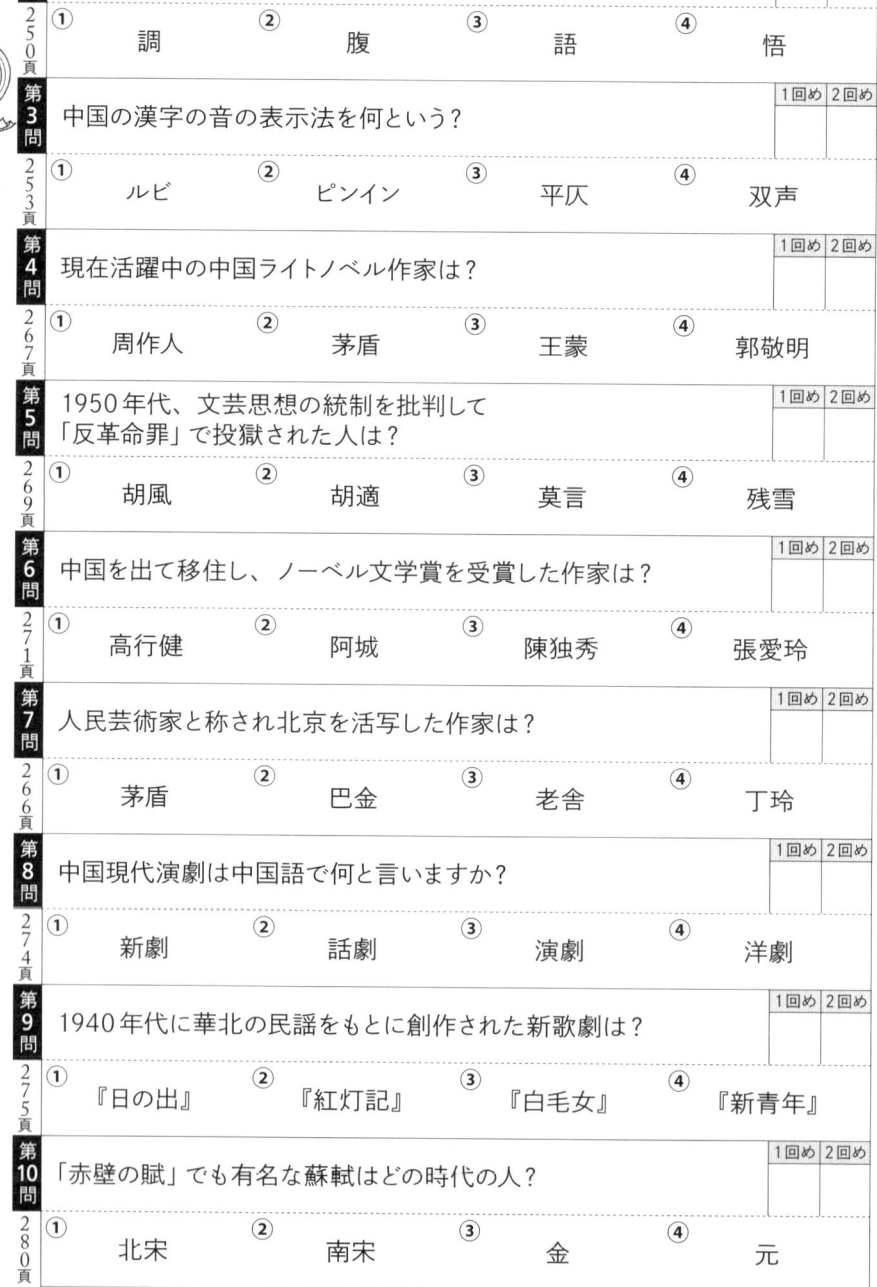

第9問 1940年代に華北の民謡をもとに創作された新歌劇は？
① 『日の出』　② 『紅灯記』　③ 『白毛女』　④ 『新青年』

第10問 「赤壁の賦」でも有名な蘇軾はどの時代の人？
① 北宋　② 南宋　③ 金　④ 元

第11問	南北朝時代に梁の昭明太子が編んだ文学の佳作集は？			1回め	2回め
282頁	① 『真話集』	② 『世説新語』	③ 『文選』	④ 『警世通言』	

第12問	李白、杜甫と同じく盛唐の詩人は？			1回め	2回め
279頁	① 陸遊	② 曹植	③ 杜牧	④ 王維	

第13問	『西廂記』のヒロインの名は？			1回め	2回め
286頁	① 楊貴妃	② 崔鶯鶯	③ 西太后	④ 林黛玉	

第14問	明代の小説「四大奇書」に入るのはどれ？			1回め	2回め
288頁	① 『子夜』	② 『山海経』	③ 『捜神記』	④ 『西遊記』	

第15問	奇怪な事象を記した清代の文言小説の名作は？			1回め	2回め
285頁	① 『楚辞』	② 『史記』	③ 『聊斎志異』	④ 『捜神記』	

Point 言語の分野では、中国語学習歴はなくとも中国語の言語学的な特徴に目を向けたい。中国語は典型的な孤立語である。日本語のテニヲハのような膠着成分が乏しく、また、動詞や形容詞の活用もない。表記は漢字を用いるが、漢字は表音文字ではないので、古くは「反切」という音表記が用いられたが、現在はローマ字を用いるピンインという音の表示法を使っている。文学の分野では、3級から一歩進んで、魯迅や李白、杜甫に次ぐ中国文学の代表的な作家、作品の知識をつけておきたい。現代文学では、北京を愛した老舎（『四世同堂』・『茶館』）、五四運動の影響を受けて旧家の大家族制から離脱しようとする青年を描いた巴金の『家』、民国期の経済状況をリアルに分析した茅盾の『子夜』、性愛や自我にも切りこんだ女性作家の丁玲などが、多くの読者を得て、社会変革とも密接にかかわっていたことを理解しておこう。文芸政策の面では、1950年代に「三十万言意見書」で思想統制に異議申し立てをした文学理論家の胡風、21世紀の人気作家である郭敬明も知っておきたい。古典文学では、魏の曹操の息子で詩人として秀逸な存在だった曹植や、唐代の王維、宋代の蘇軾（蘇東坡）などの文学者や、紀元前の詩集として北方を中心とした『詩経』に対して南方の歌を集めた『楚辞』、南北朝時代に編まれた『文選』、演劇が盛んになった元代の『西廂記』、清代の文語文の小説『聊斎志異』などの作品にも触れておきたい。

第1問② | 第2問① | 第3問② | 第4問④ | 第5問① | 第6問① | 第7問③ | 第8問②
第9問③ | 第10問① | 第11問③ | 第12問④ | 第13問② | 第14問④ | 第15問③

言語・文学

1級（百科老師コース）

第1問
次の語のうち畳韻語はどれ？
① 道路　② 黄河　③ 躊躇　④ 散漫

第2問
中国語の音節で「声」とは？
① 介母音　② 頭子音　③ 主母音　④ 韻尾

第3問
中国語を音楽的な言語にしているのは？
① 声調　② 官話　③ 反切　④ VO型

第4問
魯迅が描いた阿Qといえば？
① 意識の流れ　② 抗日義勇軍　③ 精神勝利法　④ 大家族制

第5問
1920年代に結成された中国の文学団体は？
① 創造社　② 中国作家協会　③ 左翼作家連盟　④ 人文派

第6問
『雷雨』や『日の出』で著名な劇作家は？
① 郭沫若　② 田漢　③ 曹禺　④ 郁達夫

第7問
『詩経』の3つの分類は「風」「雅」と何？
①「頌」　②「美」　③「優」　④「麗」

第8問
楚の人で汨羅に身を投げたという屈原の作品は？
①「回答」　②「飲酒」　③「春望」　④「離騒」

第9問
五言詩の起源と考えられている漢代の歌謡の形式は？
① 詞牌　② 楽府　③ 小令　④ 辞賦

第10問
「菊を採る東籬の下　悠然として南山を見る」と詠ったのは誰？
① 李賀　② 孟浩然　③ 陶淵明　④ 謝霊運

第11問	中唐の韓愈や柳宗元が目指した文体とは？				1回め	2回め
284頁	① 駢文	② 古文	③ 新文	④ 単文		

第12問	唐代の中期に盛んとなった「変文」が発見された場所は？				1回め	2回め
286頁	① チベット	② 長安	③ 洛陽	④ 敦煌		

第13問	既存の楽曲に歌詞をつけた詞とよばれる文芸が栄えた時代は？				1回め	2回め
281頁	① 魏	② 周	③ 漢	④ 宋		

第14問	明代の劇作家、湯顕祖の代表作は？				1回め	2回め
287頁	①『捜神記』	②『桃花扇』	③『牡丹亭還魂記』	④『李娃伝』		

第15問	清代に科挙を風刺した小説は？				1回め	2回め
289頁	①『五柳先生伝』	②『儒林外史』	③『老生児』	④『桃花源記』		

Point

言語の分野では、中国語の特徴を語るやや専門的な語を理解しておこう。文学の分野では、大きな流れや時代ごとの文学ジャンル、個別の作品の表現にも留意したい。現代文学では、魯迅の作品の読み方、現代文学運動に踏みこむ。中国古典文学は、「詩」と「文」（文語文）に分けられる。「詩は『詩経』の四言詩から、漢代の歌謡「楽府」の五言詩、七言詩が生まれ、唐代を迎える。宋代には詩余とも言う「詞」（楽曲に後から歌詞をつけたもの）が栄えた。「文」は、漢代宮廷文学の「辞賦」から発展して四文字、六文字で韻も踏む対句形式の「駢文」が栄えたが、唐代の韓愈や柳宗元は形式的な「駢文」を退け、自然な文体である「古文」を追求した。小説では、南北朝時代には奇怪な事を記す『捜神記』などの「志怪」小説、唐代には「伝奇」小説や『李娃伝』などの才子佳人小説が栄えた。「文」に対して、民衆の文芸には口語体に近い「白話」がある。この系統には唐代の民衆むけの仏教布教の語り物「変文」（20世紀に敦煌で発見）がある。宋代以降、都市が発達して演劇が栄えた。元代の『西廂記』、明代の『牡丹亭還魂記』、清代の『桃花扇』が有名である。白話の芸能は、明代の「四大奇書」、清代の『紅楼夢』『儒林外史』などの白話小説に結実する。文言より低い「俗」とされた白話は、20世紀西洋文学と出会い新しい文体に練り上げられた。こうして生まれた新しい口語の文学が、中華人民共和国の共通語である"普通話"の文法規範となった。

第1問④｜第2問②｜第3問①｜第4問③｜第5問①｜第6問③｜第7問①｜第8問④
第9問②｜第10問③｜第11問②｜第12問④｜第13問④｜第14問③｜第15問②

映画

3級（ものしりコース）

第1問
中国で最初に映画が上映されたとされる年は？
① 1896年　② 1905年　③ 1945年　④ 1953年

第2問
魔都と呼ばれ中国で最初に映画産業が盛んになった都市はどこか？
① 北京　② 南京　③ 上海　④ 長春

第3問
1930年代の「十字路」「街角の天使」などに主演した二枚目スターは？
① 張國栄（レスリー・チャン）　② 金焰　③ 孫道臨　④ 趙丹

第4問
日本の満州侵略を間接的に描いた「風雲児女」のラストに流れる曲名は？
①「義勇軍行進曲」　②「漁光曲」　③「卒業歌」　④「四季歌」

第5問
満州国に満映（満州映画協会）が設立された年は？
① 1911年　② 1919年　③ 1937年　④ 1945年

第6問
1950年代に公開半月で650万人が見た映画は？
①「単騎、千里を走る。」　②「白毛女」　③「駱駝の祥子」　④「古井戸」

第7問
文化大革命のさなか映画人を攻撃した毛沢東夫人の名は？
① 胡蝶　② 黄宗英　③ 江青　④ 鞏莉（コン・リー）

第8問
文化大革命時代の社会と人間を描いた映画「芙蓉鎮」の監督は？
① 鄭君里　② 謝晋　③ 馮小剛（フォンシャオ・ガン）　④ 陸川

第9問
第五世代を牽引した1人で「黄色い大地」の監督は？
① 姜文　② 何平　③ 謝晋　④ 陳凱歌

第10問
「紅いコーリャン」でベルリン国際映画祭グランプリを受賞した監督は？
① 張芸謀　② 蔡楚生　③ 呉天明　④ 葉大鷹（イェ・ターイン）

第11問	霍建起監督の中国国内で上映されなかったものの日本公開でヒットした父子と犬の作品は？	1回め	2回め

311頁
① 「山の郵便配達」　② 「漁光曲」　③ 「晩鐘」　④ 「ココシリ」

第12問	「初恋のきた道」で映画デビューした女優は？	1回め	2回め

312頁
① 阮玲玉　② 白楊　③ 劉暁慶　④ 章子怡

第13問	「1911」に主演した「ドランク・モンキー 酔拳」などで有名な香港俳優は？	1回め	2回め

314頁
① 張國栄（レスリー・チャン）　② 姜文　③ 朱旭　④ 成龍（ジャッキー・チェン）

第14問	香港映画の人気スターでホテルの高層階から飛び降り自殺した美男俳優は？	1回め	2回め

315頁
① 張國栄（レスリー・チャン）　② 成龍（ジャッキー・チェン）　③ 李小龍（ブルース・リー）　④ 朱石鱗

第15問	1989年、台湾の戦後をリアルに描きヴェネチア国際映画祭グランプリを受賞した侯孝賢監督の作品は？	1回め	2回め

317頁
① 「悲情城市」　② 「冬冬の夏休み」　③ 「あひるを飼う家」　④ 「セデック・バレ」

4　文化・芸術・風俗習慣

Point　中国映画は動乱中国の歴史の鏡である。人口の多さ、国土の広さによる映画文化の多様さが、『中国百科』を読めば理解できるだろう。

　1896年にアジアで一番早く映画が上映されたのは中国である。映画撮影は、1895年フランスで映画が誕生してから10年後の1905年に京劇を撮ることで始まった。1930年代、上海は映画の都となり、恋愛映画、時代劇やトーキー映画も撮られたが外国映画に押されていた。それでも中国の現実を描くリアルタッチの社会映画、抗日映画などが生まれたが国民党政府に弾圧された。日中戦争によって中国映画の隆盛は中断された。戦後、上海映画は復活したが、国共内戦によって制作は持続しなかった。1949年に中華人民共和国が成立し労働者、農民、兵士のための映画作りとなったが、文化大革命といった政治闘争で映画も批判され、1966年から10年もの空白があった。1980年代に新世代監督の抬頭で新しい波が出現、世界を驚かせた。

　21世紀には商業映画と言われる大資本、大スターによる大作が出現し、年間興行収入が170億元を突破する映画大国になった。2015年で中国映画は誕生110年目を迎える。中国映画について楽しんで、考えて、中国映画を好きになっていただければ、と思う。

第1問① | 第2問③ | 第3問④ | 第4問① | 第5問③ | 第6問② | 第7問③ | 第8問②
第9問④ | 第10問① | 第11問① | 第12問④ | 第13問④ | 第14問① | 第15問①

映画

2級（中国通コース）／1級（百科老師コース）

第1問 (292頁)
最近劇映画として再映画化もされた中国で初めて撮られた京劇の映画は？
① 「夜店」　② 「漁光曲」　③ 「定軍山」　④ 「からすとすずめ」

第2問 (294頁)
無声映画時代を代表する1910年生まれの女優は？
① 上官雲珠　② 阮玲玉　③ 田華　④ 謝芳

第3問 (296頁)
1933年に設立された中国電影文化協会が撮ろうとした映画のおもな傾向は？
① 社会問題　② 師弟関係　③ 親子関係　④ 恋愛問題

第4問 (303頁)
「白毛女」のヒロインを演じた女優は？
① 胡蝶　② 周璇　③ 田華　④ 鞏莉（コン・リー）

第5問 (307頁)
謝晋監督が文化大革命時代の庶民を描いた「芙蓉鎮」に主演した女優は？
① 李香蘭　② 劉暁慶　③ 章子怡　④ 趙薇（チャオ・ウェイ）

第6問 (308頁)
優秀な映画人たちを育んだ映画大学は？
① 北京大学　② 北京電影学院　③ 中央戯劇学院　④ 中央美術学院

第7問 (309頁)
「紅いコーリャン」の主演女優は？
① 白楊　② 秦怡　③ 鞏莉（コン・リー）　④ 蔣文麗（ジャン・ウェンリー）

第8問 (312頁)
21世紀になって張芸謀監督が撮った最初の商業映画は？
① 「不屈の人々」　② 「一人と八人」　③ 「双旗鎮刀客」　④ 「HERO 英雄」

第9問 (317頁)
2011年製作、魏徳聖監督の台湾映画で日本統治下を描いた長編話題作は？
① 「西施」　② 「冬冬の夏休み」　③ 「川の流れに草は青々」　④ 「セデック・バレ」

▲2級

第1問 ③ ｜ 第2問 ② ｜ 第3問 ① ｜ 第4問 ③ ｜ 第5問 ② ｜ 第6問 ② ｜ 第7問 ③ ｜ 第8問 ④ ｜ 第9問 ④

第1問
魯迅逝去20年記念で映画化された同名の小説は？
(302頁)
① 「祝福」　② 「狂人日記」　③ 「阿Q正伝」　④ 「故郷」

第2問
1930年代に国民党政府がその映画政策として制定した法律は？
(297頁)
① 映画促進法　② 映画検査法　③ 輸入映画法　④ 映画産業法

第3問
文化大革命後に中国で上映され、大ヒットした高倉健主演の日本映画は？
(306頁)
① 「君よ憤怒の河を渉れ」　② 「幸福の黄色いハンカチ」　③ 「飢餓海峡」　④ 「ホタル」

第4問
「芙蓉鎮」に出演した男優でのちに映画監督になった人物は？
(310頁、307頁)
① 陶金　② 朱旭　③ 孫道臨　④ 姜文

第5問
1996年、「變臉　この櫂に手をそえて」で東京国際映画祭監督賞を受賞した監督は？
(311頁)
① 呉天明　② 張芸謀　③ 陸川　④ 謝晋

第6問
中国、香港、日本の映画人が結集して制作した三国志映画の大作は？
(315頁)
① 「王妃の紋章」　② 「レッドクリフ」　③ 「LVERS」　④ 「ロスト・イン・タイランド」

第7問
2012年現在、好調の中国映画の年間興行収入はどれくらいか？
(313頁)
① 170億元　② 500億元　③ 50億元　④ 5億元

第8問
2001年に米アカデミー賞外国映画賞を受賞した李安監督の台湾映画は？
(317頁)
① 「老兵の春」　② 「冬冬の夏休み」　③ 「グリーン・デスティニー」　④ 「海辺の一日」

第9問
2004年に「ココシリ」、2011年に「南京！南京！」を撮り話題となった監督は？
(312頁)
① 陸川　② 張揚　③ 馮小剛（フォンシャオ・ガン）　④ 陳凱歌

▲1級

文化・芸術・風俗習慣

第1問① | 第2問② | 第3問① | 第4問④ | 第5問① | 第6問② | 第7問① | 第8問③ | 第9問①

食文化

3級（ものしりコース）

第1問 朝食の一部としてよく飲まれる飲み物は何か？
① コーラ　② 椰子汁　③ 豆乳　④ お茶

第2問 北京料理のまたの名を何と言うか？
① 京菜　② 首都菜　③ 一番菜　④ 北菜

第3問 北京を代表する料理は次のうちどれか？
① 東坡肉　② 北京烤鴨　③ 麻婆豆腐　④ 西紅柿炒鶏蛋

第4問 干しアワビなど価値の高い乾燥食品を何と言うか？
① 乾物　② 乾宝　③ 干金　④ 乾貨

第5問 広東や香港で特に有名な外食形態を何と言うか？
① 広食　② 茶心　③ 点心　④ 中食

第6問 「食在○○」（食は○○にあり）と言われる都市はどこか？
① 杭州　② 香港　③ 広州　④ 天津

第7問 野生動物を食べることを何と言うか？
① 京味　② 野味　③ 港味　④ 海味

第8問 上海蟹の旬はいつか？
① 春　② 夏　③ 秋　④ 冬

第9問 中華料理を代表するスープの材料としてハムはどれか？
① 金華火腿　② 香腸　③ 鰹節　④ 海帯

第10問 四川料理を代表する味は何か？
① 甘鹵味　② 酸味　③ 麻辣味　④ 海味

第11問	イスラム教徒の回族などが絶対に食べない肉は？		1回め	2回め
330頁	① 羊肉　② 鶏肉　③ 魚肉　④ 豚肉			

第12問	粽(チマキ)を食べるのはいつか？		1回め	2回め
335頁	① 5月5日　② 3月3日　③ 7月7日　④ 9月9日			

第13問	春節前の大晦日に家族で作る行事食は何か？		1回め	2回め
335頁	① 餃子　② 月餅　③ 包子　④ 飴			

第14問	次のうち中国を代表する紅茶はどれか？		1回め	2回め
336頁	① 四季春　② 祁門　③ 雲南普洱　④ 白毫銀針			

第15問	貴州省の世界的に有名な白酒(蒸留酒)は何か？		1回め	2回め
338頁	① 老酒　② 茅台酒　③ 紹興酒　④ 上海酒			

Point

食文化は中国が誇る世界に知られた文化であり、全体の特徴と地方性豊かな食の傾向をつかんで、地方と味付けの特徴を覚えると良いだろう。全体の傾向として外せないのは「食は健康な生活を送るためにある」という考え方である。食事も陰陽バランスが取れていることを良しとし、極端に冷たいもの、極端に熱いものを嫌い、体を冷たくするものを食べたら、体を温めるものを食べるなどのバランスを求める。

中華料理の食材として有名なものも押さえておこう。地方の名前がついた調味料（酢、酒）や花椒など特徴的に使われる香辛料、素材の別名なども知っておくと中国への食以外の文化の理解も深まる。八角（スターアニス）や花椒などの中国原産の香辛料をはじめ、紹興酒、茅台酒といった酒、豆板醤、鎮江香醋などの調味料、ハミウリやトルファンのグリーンレーズンなどの果物、西湖龍井、祁門紅茶、ラプサンスーチョンなどの茶は日本のみならず世界的に知られた名産である。北京烤鴨、大閘蟹（上海蟹）など代表的な地方料理名も機会があれば食べて覚えると良い。

また行事食でも中国から来た行事は、日本と共通点も多い。たとえば農暦8月15日、中秋の名月の頃に贈り合う月餅は有名で広式（広東）、京式（北京や天津）など地方色がある。また日本と同じように里芋を食べる習慣もある。

第1問③｜第2問①｜第3問②｜第4問④｜第5問③｜第6問③｜第7問②｜第8問③
第9問①｜第10問③｜第11問④｜第12問①｜第13問①｜第14問②｜第15問②

食文化

2級（中国通コース）

第1問 中華料理は中国では一般に何と言うか？
① 中華鍋　② 中原食　③ 中国菜　④ 中国卓

第2問 食材の食べ方の教科書とも言える医学書は何か？
① 黄帝内経　② 詩経　③ 説文解辞　④ 蘭亭序

第3問 モンゴル料理が元と言われる北京で盛んな鍋料理は？
① 麻辣火鍋　② 涮羊肉　③ 海鮮鍋　④ 串串香

第4問 フカヒレの煮込み料理はどれか？
① 小籠包　② 陶板大排翅　③ 排骨煲　④ 魚香肉絲

第5問 そら豆と唐辛子を発酵させて作る味噌を何と言うか？
① 豆豉　② 土豆　③ 味精　④ 豆板醬

第6問 長江下流の華南、江南の調味料として有名なのは何か？
① 鎮江香醋　② 葡萄酒　③ 茅台酒　④ 紅腐乳

第7問 軽い食事のことを何と言うか？
① 軽食　② 手食　③ 両吃　④ 小吃

第8問 四川料理を代表する「麻」味を出す食材は何か？
① 唐辛子　② 花椒　③ 芝麻　④ 胡椒

第9問 素菜は肉を使わないおかず、では肉を使うおかずは何か？
① 清真菜　② 海菜　③ 葷菜　④ 香菜

第10問 食事の最後、デザートの前に出てくる料理は何か？
① 肉料理　② 魚料理　③ スープ　④ ご飯

第11問
鶏の皮などを使いゼラチン質たっぷりの白濁したスープを何と言うか？

① 白湯　② 清湯　③ 鶏湯　④ 奶湯

第12問
次の4つから、乾貨に当たるものを選べ。

① 昆布　② レーズン　③ フカヒレ　④ 漢方薬

第13問
お茶を飲みながら食べる点心のことを何と言うか？

① 茶点　② 甜点　③ 小吃　④ 菓子

第14問
湘菜と呼ばれるのはどこの料理か。

① 北京料理　② 四川料理　③ 湖南料理　④ 雲南料理

第15問
雲南省と日本だけに見られる食物は何か？

① たけのこ　② こんにゃく　③ 羊肉　④ しょうゆ

Point

挨拶に「吃飯了吗？（ご飯食べましたか）」は聞くことが少なくなったとはいえ、まだまだ中国の精神には生きている。これは少数民族でも同じで、ご飯を食べたか聞いて客人を空腹にしないことはおもてなしの精神の中核を成す。行事でのやり取りも食にまつわるものが多く、食べ物にまつわる話も多い。健康を保つために何を食べるか、新しい食材をどう料理するかといった話題は老若男女に好まれ、食について知っていることは会話のきっかけにもなる。日本の中華料理がどんなものか説明できると良いだろう。餃子に代表されるように、同じ名前で表すものが違うこともある。

中国菜と一口に言ってもダイナミックに変化している。近年は鉄道や飛行機の発達により各地の交流が盛んになり、名物料理でもおいしいものは全国どこでも作られるようになってきた。北京や上海といった大都市なら、他の大都市や地方の餐庁があるのは珍しいことではなくなった。それでも都市近郊の農場で採れる野菜や果物の旬や、湖沼で獲れる魚などには地方色があり、さまざまな特色料理が楽しめる。

鹹（塩辛さ）、麻（痺れる辛さ）、辣（痛い辛さ）、酸、苦、肥（脂っこさ）といった味の表現をまず覚えておくと良いだろう。なお菜譜（メニュー）は材料と料理法、味がそのまま表されていることが多く、類推が可能である。

第1問 ③ | 第2問 ① | 第3問 ② | 第4問 ② | 第5問 ④ | 第6問 ① | 第7問 ④ | 第8問 ②
第9問 ① | 第10問 ③ | 第11問 ④ | 第12問 ③ | 第13問 ① | 第14問 ③ | 第15問 ②

食文化

1級（百科老師コース）

第1問 中国最古の農学食品学の書物を何と言うか？
① 黄帝内経　② 神農本経　③ 済民要術　④ 農政全書

第2問 食べ物の性質を見極めて食べる方法を何と言うか？
① 補食　② 薬食　③ 食養生　④ 嗜好

第3問 宴席において魚のどの部位を主賓に向けて提供するか？
① 頭　② 腹　③ 背　④ 尾

第4問 満漢全席は何族が始めた料理か？
① 漢族　② 蒙古族　③ 満州族　④ 錫伯族

第5問 雲南省の名産として有名な物は何か？
① 茸　② 草魚　③ 香梨　④ 甜瓜

第6問 蘇軾が得意としていた料理は何か？
① 小籠包　② 東坡肉　③ 西湖醋魚　④ 酒醸円子

第7問 時間、作法などの決まりがある食事を何と言うか？
① 点心　② 時間菜　③ 常饌　④ 吃飯

第8問 ウイグル族を代表する麺料理は何か？
① ラグマン　② ツァンパ　③ チュチュレ　④ ナン

第9問 豆腐皮とは日本の食材では何を示すか？
① 薄く切った豆腐　② 湯葉　③ 大豆の皮　④ 薄揚げ

第10問 魚料理を食べるにあたってしてはいけないことは何か？
① 箸でつつく　② 取り分ける　③ ナイフで切る　④ ひっくり返す

第11問	取分け式ではなく個別の皿に盛って提供する形式はどこの影響か？		
324頁	① ヨーロッパ　② 東南アジア　③ 中東　④ アフリカ		

第12問	お米で作っためんのことを何と呼ぶか？		
329頁	① 米餌　② 米線　③ 米麺　④ 米網		

第13問	モンゴル族が一番大きな食事を取るのはいつか？		
332頁	① 朝食　② 昼食　③ 夕食　④ 夜食		

第14問	次のうち「半発酵茶」と呼ばれるものを選べ。		
337頁	① 白茶　② 黄茶　③ 青茶　④ 黒茶		

第15問	完成した紹興酒はどこに保存するか？		
338頁	① 木の上　② 地面の上　③ 地中　④ 囲炉裏のそば		

Point

中国での食のマナーを知ることは中国人と付き合う上で大変重要な要素である。席順、食べ方、酒の飲み方の基本は押さえておきたい。おもてなし料理では必ず丸のままの素材が出、日本同様「尾頭付」は最高の接待料理である。ただし魚に限らず、肉でも尾頭付である。主賓が手をつけてから食事が始まる。日本においても教養として古典や漢文を学ぶように、中国を深く知るには古典の知識が重要である。漢詩や古典の中に、食べ物についての礼儀や逸話があることも珍しくはない。たとえば、北宋の詩人で書家である蘇軾（またの名を蘇東坡）は黄州に左遷された時に豚肉礼賛の詩を書き、彼が得意とした料理が現在に伝わる「東坡肉」（皮付きの豚の角煮）であると言われる。

民族や宗教による食べ物の違いについても知識を持っておくと良いだろう。モンゴル族もウイグル族も羊を屠って食べるが、モンゴル族は血の一滴も無駄にせず腸詰などにして食べるのに比べ、ウイグル族はイスラームの教えから血はすべて大地に戻し利用することはない。漢族と民族的にはほぼ同等である回族もイスラーム教徒のため豚肉を利用することはない。宗教的に清浄であることを清真と言う。また民族間以外でも、仏教徒では殺生を嫌い、肉を食べないことがある。現代中国において、宗教、民族、好みによって自由に食事を選べるようになっている。

第1問 ③ ｜ 第2問 ③ ｜ 第3問 ① ｜ 第4問 ③ ｜ 第5問 ① ｜ 第6問 ② ｜ 第7問 ④ ｜ 第8問 ①
第9問 ② ｜ 第10問 ④ ｜ 第11問 ① ｜ 第12問 ② ｜ 第13問 ③ ｜ 第14問 ③ ｜ 第15問 ③

文化・スポーツ・風俗習慣

3級（ものしりコース）

第1問
中国の国歌は？
① 東方紅　② 白毛女　③ 義勇軍行進曲　④ 孟姜女

第2問
2000年以降従業する人数が増えているのは？
① サービス業　② 農業　③ 漁業　④ 公務員

第3問
中国から日本に伝わったと言われているのは？
① チェス　② トランプ　③ 囲碁　④ カルタ

第4問
漢方の診察で最も重視されるのは？
① 全身の状態　② 患部　③ 生活習慣　④ 食事

第5問
日本の高校に該当するのは？
① 初級中学　② 高級中学　③ 大学　④ 専科

第6問
バレンタインデーの贈り物で最も人気のあるものは何？
① ハンカチ　② ケーキ　③ 香水　④ チョコレート

第7問
京劇で文化大革命期に模範劇に指定されたのは？
① 西遊記　② 紅灯記　③ 水滸伝　④ 三国志演義

第8問
中国で武術は一般には「武術」を用いるが広東省などでは何と言うか？
① 太極拳　② 功夫　③ 格闘技　④ 通背拳

第9問
チャイナドレスの起源は何族の衣装？
① 漢族　② 苗族　③ 満州族　④ 回族

第10問
北京オリンピックで最も多くメダル（金銀銅合計）を獲得した国は？
① 中国　② 米国　③ 日本　④ ロシア

第11問	中国の伝統医学は何と呼ばれる？		1回め	2回め

348頁
① 漢方医学　② 東方医学　③ 漢方　④ 中医学

第12問	はさみや小刀で紙を切ったり刻んだりして作った民族工芸品を何と言うか？		1回め	2回め

350頁
① 切紙　② 刻紙　③ 剪紙　④ 唐紙

第13問	現在、男性に求められるもっとも重要な結婚の条件は？		1回め	2回め

363頁
① 冷蔵庫　② 収入　③ 身長　④ 持ち家

第14問	新年に玄関や室内に飾るものは何？		1回め	2回め

206頁
① 年画　② 大頭頭　③ ランタン　④ 京劇面譜

第15問	1990年北京で開催されたアジア大会で種目入りを果たした中国武術は？		1回め	2回め

343頁
① 長拳　② 推手　③ 太極拳　④ 双剣

第16問	北京オリンピックが開かれたのはいつ？		1回め	2回め

344頁
① 2000年　② 2004年　③ 2008年　④ 2012年

第17問	囲碁でプロ制度が設けられていない国は？		1回め	2回め

346頁
① 中国　② 韓国　③ 米国　④ 日本

第18問	国歌「義勇軍行進曲」の作曲者は誰？		1回め	2回め

56頁
① 劉熾　② 聶耳　③ 冼星海　④ 田漢

第19問	9年制義務教育が導入されたのはいつ？		1回め	2回め

354頁
① 1951年　② 1966年　③ 1986年　④ 2000年

第20問	京劇で女形で絶大な人気を博した俳優は？		1回め	2回め

358頁
① 李香蘭　② 梅蘭芳　③ 艾未未　④ アン・リー

文化・スポーツ・風俗習慣　3級（ものしりコース）

第21問（206頁）富貴を表す花は？
① ボタン　② ハス　③ コスモス　④ キク

第22問（362頁）バレンタインデーに男性が女性に贈る人気の花は？
① ウメ　② ラン　③ キク　④ バラ

第23問（56頁）文化大革命中に国歌同様に歌われた曲は？
① わが祖国　② 白毛女　③ 紅色娘子軍　④ 東方紅

第24問（344頁）北京オリンピック開催の年に起こった地震は？
① 四川大地震　② 雲南大地震　③ 唐山大地震　④ 東日本大地震

第25問（346頁）囲碁は世界の何か国くらいで打たれているか？
① 20ヵ国　② 40ヵ国　③ 50ヵ国　④ 70ヵ国

第26問（349頁）漢方で四診と言われるものに含まれないのはどれか？
① 打診　② 望診　③ 問診　④ 聞診

第27問（358頁）京劇という名称が定着したのはいつか？
① 明代　② 清代　③ 中華民国建国時期　④ 中華人民共和国建国以後

第28問（361頁）吉祥のシンボルとして代表的な植物は？
① 梅　② 牡丹　③ 桃　④ 菊

第29問（364頁）人気ギフト商品は？
① 衣類　② 食品　③ 貴金属　④ 実用日用品

第30問（344頁）北京オリンピックの水泳会場は何と呼ばれたか？
① 鳥の巣　② 飛び魚　③ 水の都　④ 水立方

第31問	伝統的価値が重要だとして最近中国が海外で設立した学院の名前は？	1回め	2回め
186頁	① 孟子学院　② 孔子学院　③ 毛沢東学院　④ 中華学院		

第32問	富裕を運ぶめでたい使いとされる動物は？	1回め	2回め
361頁	① 鹿　② 虎　③ 熊猫　④ 金糸猴		

第33問	長寿の象徴の動物は？	1回め	2回め
206頁	① 犬　② 鹿　③ 馬　④ 猫		

第34問	「カササギ橋の恋人の日」とは？	1回め	2回め
362頁	① バレンタインデー　② タナバタ　③ ホワイトデー　④ クリスマスイブ		

Point

広い分野にまたがっており、時とともに変化していく項目が多いが、今の中国の日常生活を知る上で重要な分野である。

文化については、まずは中国の伝統文化の基礎知識を確認しておこう。伝統的な体育種目の「武術」（広東省では「功夫」と言う）、「囲碁」などのゲーム（囲碁はスポーツの一種）、「剪紙」などの民族工芸品、民族衣装とも言える「チャイナドレス」、音楽の分野でも、中国の国歌「義勇軍行進曲」や、二胡などの代表的な中国の弦楽器は知っておきたい。また、伝統劇である京劇については、『西遊記』などの人気演目のタイトルや役柄の他、京劇という名称が中華人民共和国以降に定着したこと、文化大革命中には伝統京劇が上演禁止となり、現代京劇の『紅灯記』などが模範劇に指定されたことなど、その歴史も『中国百科』の「京劇」の項で見ておくとよい。中国独自の医学である「中医学」の基本も押さえておきたい。

風俗習慣では、吉祥シンボル、近頃の恋愛結婚事情、「食」を核としたプレゼント文化、年間の祝祭日や記念日での主な習慣、たとえば春節の装飾やバレンタインデーの中国的習慣など、楽しみながら知識をつけておこう。この他、2008年北京オリンピック関連のトピックスにも目を向けたい。とりわけ、四川大地震がオリンピック開催の年であったことは記憶に留めておきたい。

第1問③ | 第2問① | 第3問③ | 第4問① | 第5問② | 第6問④ | 第7問② | 第8問②
第9問③ | 第10問② | 第11問④ | 第12問③ | 第13問④ | 第14問① | 第15問③
第16問③ | 第17問③ | 第18問② | 第19問③ | 第20問② | 第21問① | 第22問④
第23問④ | 第24問① | 第25問④ | 第26問① | 第27問④ | 第28問③ | 第29問② | 第30問④
第31問② | 第32問① | 第33問④ | 第34問①

文化・スポーツ・風俗習慣 2級（中国通コース）

第1問
国歌「義勇軍行進曲」は1935年の映画の主題歌であるがその映画の題名は？
① 風雲児女　② 東亜之光　③ 民族生存　④ 壮志凌雲

第2問
最もポピュラーな年画は？
① 八仙迎寿図　② 清明上河図　③ 美人条　④ 福禄寿三星図

第3問
年画の隅に必ずと言っていいほど描かれる動物は？
① 鳳凰　② 蝙蝠　③ 龍虎　④ 鹿

第4問
北京オリンピックの開会式の企画者は誰か？
① 胡錦濤　② 陳凱歌　③ 張芸謀　④ 温家宝

第5問
漢方がもとにした中国哲学は何か？
① 陰陽五行説　② 四書五経　③ 老子道徳経　④ 陽明学

第6問
都市部の出稼ぎ「農民工」の子弟のための民営学校は何と言う？
① 農民工学校　② 打工学校　③ 民工学校　④ 都市農民学校

第7問
2006年第1回国家無形文化遺産に登録されたのは何か？
① バレンタインデー　② クリスマスイブ　③ ホワイトデー　④ 春節

第8問
多子多福のシンボルは？
① ハス　② ボタン　③ レイシ　④ ラン

第9問
「五福」とよばれる幸せに含まれないのはどれ？
① 長寿　② 来世の幸せ　③ 健康　④ 天寿の全う

第10問
北京オリンピックで中国が獲得したメダル（金銀銅合計）の数は？
① 50　② 75　③ 90　④ 100

第11問	1913年頃中国から日本に留学し、その後最強と言われた棋士は？		1回め	2回め

347頁
① 馬暁春　② 林海峰　③ 呉清源　④ 芮廼偉

第12問	漢代に表わされた医学書は？		1回め	2回め

348頁
① 神農本草経　② 黄帝内経　③ 備急千金要方　④ 傷寒論

第13問	星星画会の成員でないのは誰か？		1回め	2回め

352頁
① 北島　② 黄鋭　③ 王克平　④ 馬徳昇

第14問	京劇の男性役をなんと言うか？		1回め	2回め

359頁
① 旦　② 丑　③ 生　④ 浄

第15問	七夕が一般化したのはいつの時代か？		1回め	2回め

362頁
① 秦　② 漢　③ 六朝時代　④ 唐

Point

いずれの分野でも、日常生活で見聞きする範囲から一歩進んだ知識をつけてほしい。武術ではアジア大会やオリンピックと「武術太極拳」のかかわり、囲碁では呉清源という有名棋士、中医学と哲学との関連も意識して知識を総合していこう。吉祥シンボルについても知識を深めよう。好まれる動物、植物などが日本とは違うことがあるので、それを把握しておきたい。蝙蝠がその名称の音から好まれること、好まれる植物には多子を願う心が託されていることを知っておくと、中国の伝統的な思考方式の理解につながるだろう。社会の大きなひずみが現れる教育問題にも、ぜひとも関心を持ってほしい。「中華人民共和国義務教育法」の制定が1986年であることは、中国の社会変化とも大きな関わりがあるが、特に21世紀に入ってからは、都市に出てきた農民工の子弟が民営学校に通うしかない現実がある。中国アートは近年日本でも注目されている分野である。1979年、西単民主の壁に登場した「星星画会」は現代アートの先駆となり、民間で出版した雑誌「今天」に集った人々の文学復興とも連動して新しい時代を築き上げていった。その重要人物である黄鋭、艾未未などの名前は知っておこう。トピックスとして、『中国百科』でコラムとして紹介している「伝統的価値観へのこだわり」、「年画」にも目を通しておくとよい。

第1問① ｜ 第2問④ ｜ 第3問② ｜ 第4問③ ｜ 第5問① ｜ 第6問② ｜ 第7問① ｜ 第8問①
第9問② ｜ 第10問④ ｜ 第11問③ ｜ 第12問② ｜ 第13問① ｜ 第14問③ ｜ 第15問③

文化・スポーツ・風俗習慣

1級（百科老師コース）

第1問　国歌「義勇軍行進曲」が憲法で国歌と明記されたのはいつか？
56頁
① 1949年　② 1953年　③ 1993年　④ 2004年

第2問　スターバックスコーヒーが上海に上陸したのは何年か？
264頁
① 1975年　② 1985年　③ 1995年　④ 2000年

第3問　インターネットショッピングで一番人気は？
240頁
① 淘宝　② 京東　③ 天猫　④ 楽天

第4問　「漫画」という日本の名称を中国に広めたのはだれか？
290頁
① 竹久夢二　② 華君武　③ 米谷　④ 豊子愷

第5問　1928年に創刊された週刊漫画雑誌のタイトルは？
290頁
① 漫画生活　② 上海漫画　③ 漫画中国　④ 漫画上海

第6問　中国武術段位制度が制定されたのは何年か？
343頁
① 1958年　② 1970年　③ 1998年　④ 2005年

第7問　囲碁が中国から日本に伝来したと言われている時代は？
346頁
① 漢　② 唐　③ 宋　④ 元

第8問　中国で初の囲碁の全国大会を開いたと言われているのは？
346頁
① 梁の武帝　② 隋の煬帝　③ 唐の玄宗皇帝　④ 唐の太宗

第9問　初めて日中スーパー囲碁が開催されたのは？
347頁
① 1960年　② 1970年　③ 1984年　④ 1995年

第10問　1990年代に形成された芸術村は？
353頁
① 円明園　② 西単　③ 王府井　④ 東単

098

第11問	幕末から明治にかけて日本で流行した中国の一部の民間音楽は何と言うか？				1回め 2回め
357頁	① 唐楽	② 清楽	③ 東洋楽	④ 明清楽	

第12問	出世願望をあらわす動物の組み合わせは？				1回め 2回め
206頁	① 蜂と猿	② 猿と犬	③ 亀と鶴	④ 鳳凰と竜	

第13問	京劇の四技能に含まれないものは？				1回め 2回め
359頁	① 飛	② 唱	③ 念	④ 打	

第14問	渡辺崋山の福禄寿図に描かれている動物は？				1回め 2回め
361頁	① 猿	② 鶴	③ 鹿	④ 亀	

第15問	2010年の調査で北京で初めて住宅ローンを借りた人の平均年齢は？				1回め 2回め
363頁	① 23歳	② 27歳	③ 33歳	④ 40歳	

文化・芸術・風俗習慣

Point 歴史により踏み込んだ知識が求められる。たとえば、国歌が憲法で明記されたのが2004年であることや歌詞の内容、武術や囲碁では画期的な出来事があった時期を押さえておこう。さらに、日本と中国との交流を視野に入れた理解も求めたい。たとえば、現在の日本文化を語る上で欠かせない「漫画」は、中国への影響も大きかったことを知っておきたい。まず、「漫画」という語はもともと日本語であったこと、それを1921年に日本に留学した豊子愷が中国で広めたこと、上海で漫画の大型雑誌が刊行され、抗日運動にも深く関わったことは、中国の漫画の特徴的な歴史として知っておきたい。また、囲碁や民間音楽、福禄寿図などの日常生活に根ざした文化が日本に大きな影響を与えてきた。渡辺崋山の「福禄寿図」には、蝙蝠（福の象徴）と鹿（禄の象徴）、霊芝（キノコの一種、寿の象徴）が描かれており、それらはすべて中国の象徴表現である。日中文化交流や日中文化比較という視点で、『中国百科』の「文化・スポーツ・風俗習慣」の項目と、「漢服・チャイナドレスとZARA」、「年画」、「カード社会とネット・ショッピング」、「若者の養育熱と職業観の変化」、「豊子愷と漫画」などのコラムを読み直すとよいだろう。他に、京劇の基本技能である「唱（うた）・念（せりふ）・做（しぐさ）・打（たちまわり）」の四技能や、今や世界的なネットショッピングサイト「淘宝」は知っておきたい。

第1問 ④ | 第2問 ④ | 第3問 ① | 第4問 ④ | 第5問 ② | 第6問 ③ | 第7問 ② | 第8問 ①
第9問 ③ | 第10問 ① | 第11問 ④ | 第12問 ① | 第13問 ① | 第14問 ③ | 第15問 ②

中国百科検定とは❓

▷ **中国百科検定とは**

　日本と中国の関係は大きく発展し、あらゆる分野で両国民の交流は飛躍的に発展してきました。しかし近年、歴史認識や領土問題を巡って、両国政府間の関係は最悪となっています。

　国民感情も残念ながら最悪と言える状況ですが、それぞれ相手国との関係が大事だ、と考えている国民が大多数に上っていることも事実です。経済的なつながりが深いことはもちろん、文化の面でも故宮博物館展の「清明上河図」や「王羲之展」が連日長蛇の列をなしていたことが、中国への関心の高さを示しています。

　同じ漢字を使い、米やうどんを食べ、黒い髪、黒い眼をした、黄色い皮膚の日本人と中国人、共通性も多い一方、相違性もまたあります。それらをよく理解した上で、中国を断片的ではなく、また偏らない理解をすることが必要ではないでしょうか。

▷ **「理解は絆を強くする」**

　時代が変われば関係も変わります。それでも今までに日本と中国の間にはたくさんの素晴らしい絆が作られてきました。しかしその絆が弱くなりつつある「今」だからこそ、多くの人にとって、特に中国に関わる人たちにとって、中国のことをもっと深く知り、理解していくこと、そしてそうすることの大切さを知らせていくことが重要であると考えます。

　かつての絆を思い起こし、離れてしまった心を取り戻し、そして新しい時代の新たな信頼関係を作っていくために、この中国百科検定が大きな役割をはたすと私たちは信じています。皆さんのご参加をお待ちしています。

- **出題内容** ……公式テキスト『中国百科』の中に書かれている内容から地理、歴史、政治経済、文化の4分野から出題。1、2、3級の難易度に分かれている。
- **問題形式** ……各級全60問・4者択一のマークシート方式。
- **受験資格** ……どなたでも受験可能です。年齢、国籍の制限はありません。
- **主催** …………日本中国友好協会・中国百科検定事務局
- **中国百科検定公式サイト**……http://www.jcfa-net.gr.jp/kentei/

●問い合わせ先
中国百科検定事務局
〒101-0065 東京都千代田区西神田 2-4-1 東方学会ビル3階
☎ 03-5212-5987　fax 03-5212-5988
Email kentei@jcfa-net.gr.jp

日本中国友好協会 Japan-China friendship Association

会長／長尾光之
〒101-0065
東京都千代田区西神田2-4-1 東方学会ビル
Tel: 03(3234)4700　Fax: 03(3234)4703
http://www.jcfa-net.gr.jp/index.html

　日本中国友好協会は、「日中両国民の相互理解と友好を深め、アジアと世界の平和に貢献する」ことを目的として、1950年10月1日に創立されました。協会は「中国のことを知りたい、中国に親しみたい」という人々の関心に応えて、中国語、太極拳、きりえ、囲碁、中国料理、水墨画、書道などの文化教室や中国研究の活動、いろいろなテーマを持った中国旅行、「中国残留日本人孤児」など帰国者への援助や中国からの留学生との交流、日中戦争のような悲惨な歴史を再び繰り返さないための不再戦平和活動などを行なっています。

中国百科検定問題集

初版第1刷発行 2015年2月28日
定価：1000円＋税

編｜日本中国友好協会

装幀｜臼井新太郎
発行者｜桑原 晨
発行｜株式会社めこん
〒113-0033 東京都文京区本郷 3-7-1
電話 03-3815-1688 ｜ FAX 03-3815-1810
ホームページ http://www.mekong-publishing.com
組版｜字打屋仁平
印刷・製本｜太平印刷社
ISBN978-4-8396-0289-5 C0030 ¥1000E
0030-1504289-8347

JPCA 日本出版著作権協会 http://www.e-jpca.com/
本書は日本出版著作権協会（JPCA）が委託管理する著作物です。本書の無断複写などは著作権法上での例外を除き禁じられています。複写（コピー）・複製、その他著作物の利用については事前に日本出版著作権協会（電話 03-3812-9424 e-mail:info@e-jpca.com）の許諾を得てください。

中国百科検定公式テキスト

中国百科

日本中国友好協会[編]

ISBN678-4-8396-0273-4 C0030

■2014年3月、東京・大阪・福岡で第1回が大々的に開催された「中国百科検定」（日本中国友好協会主催）の公式テキストです。■1項目見開き2ページ（写真入り）で完結といい読みやすいレイアウト。■そうそうたるメンバーによるオーソドックスな「中国概説」でもあり、中国関連書として長く残ると思われます。

＊デザイン＝菊地信義・水戸部功

執筆者〔計39名／各自専門分野を執筆〕

大西 広（慶應義塾大学経済学部教授／地理・民族・宗教）高見澤磨（東京大学東洋文化研究所教授／政治・法）井手啓二（長崎大学名誉教授／経済・産業）太田幸男（東京学芸大学名誉教授、東洋文庫研究員／古代史）下田 誠（東京学芸大学教育学部准教授／古代史）堀内淳一（学習院大学東洋文化研究所助教／古代史）千葉正史（東洋大学文学部准教授／近現代史）水羽信男（広島大学大学院総合科学研究科教授／近現代史）中川正之（立命館大学文学部教授・神戸大学名誉教授／言語）加藤三由紀（和光大学総合文化学科教授／文学）宇野木洋（立命館大学文学部教授／文学）瀬戸 宏（摂南大学外国語学部教授／演劇）上野隆三（立命館大学文学部教授／文学）平塚順良（立命館大学衣笠総合研究機構専門調査員／文学）石子 順（映画・漫画研究家／映画）伊藤敬一（東京大学名誉教授／中国酒）ほか。

構成

[第1部] 地　　理 ▶▶▶ 1 地理／2 民族・宗教／3 世界遺産
[第2部] 政治経済 ▶▶▶ 4 政治と法／5 経済と産業
[第3部] 歴　　史 ▶▶▶ 6 古代文明〜唐代／7 宋代〜清代／8 近現代史
[第4部] 文化・芸術・風俗習慣
▶▶▶ 9 言語／10 文学／11 映画／12 食文化／13 文化・スポーツ・風俗・習慣

●定価＝2800円＋税／●A5判／並製／376ページ［口絵カラー］

めこん

中国の世界遺産

アルタイ山脈

天山山脈
ウルムチ
▲新疆天山
トルファン盆地

ゴビ砂漠

タリム盆地
タクラマカン砂漠

莫高窟

祁連山脈

クンルン山脈
青海湖　西寧
蘭州

青蔵高原
秦嶺

タングラ山脈
黄河

岷山山脈
▲九寨溝
▲黄龍

ポタラ宮、ノルブリンカ、ジョカン寺
パンダ生息地▲　都江堰、青城山
ラサ
成都
ヒマラヤ山脈
ヤルツァンポ川
楽山大仏
大足石
峨眉山

横断山脈
▲三江併流
▲金沙江
麗江古城
怒江　澜滄江

貴陽

昆明　■石林
澄江化石埋蔵地

●紅河ハニ族